朝日新書
Asahi Shinsho 873

自民党の魔力

権力と執念のキメラ

蔵前勝久

朝日新聞出版

自民党の魔力

権力と執念のキメラ

目次

第2章 大都市部の地方議員たち

第3章 地域の実情——勝ち上がれば自民入り 103

第4章 国会議員と「どぶ板戦」 125

第5章 連立を組む公明党の戦略 171

第7章 野党は何をしているか 229

序章　「一番強いやつが自民党」

政治記者として、多くの取材先にぶつけ、自ら考え続けてきた問いがある。

「自民党とは何か」

1955年の結党以来、そのほとんどで政権党であり続けている老舗《しにせ》の政党である。何をめざす政党なのか、何をする政党なのか。

永田町の国会議員や秘書、霞が関の官僚たちからよく聞くのは「自民党は『右』から『左』までいる鵺《ぬえ》のようなもの」である。鵺とは、頭は猿、胴はタヌキ、尾っぽはヘビ、手足は虎、声はトラツグミに似ているという謎の妖怪のことだ。そこから転じて、素性がよく分からない、得体の知れない、正体不明でうさんくさいなどの意味で使われる。

ギリシャ神話でいえば、キメラだろうか。ライオンの頭、ヤギの胴、ヘビの尾を持った怪獣のことだ。そこから転じて、遺伝子の異なる細胞を一つの体にあわせもつ生物のことをいう。

そんな中、得心した答えは「その土地で一番強いやつが自民党なんだ」というものだった。そう答えたのは自民党の福岡県議会議員である藏内勇夫《くらうちいさお》氏だ。2021年衆議院議員選挙に向け、福岡県内の選挙区調整にかかわった自民党幹部をして「あれは福岡自民党の天皇だな」と言わしめた福岡政界きっての実力者である。

白いまち針、ピンクのまち針、赤いまち針

「一番強いやつが自民党」という答えは、藏内氏自身の経験から導き出されている。

1983年3月、29歳の藏内氏は、地元の筑後市選挙区から県議選に初出馬。告示の1カ月前に周囲から促された際には、「当選するわけない」と断ろうとしたが、「4年後に当選するためには出ておいた方がいい。お前は獣医師だから食いっぱぐれにはならないだろ」と説得された。定数1の選挙区には、保革4人の候補が立った。藏内氏は、保守系無所属の新顔候補と激しく争い、9296票を獲得したが、742票差で敗れた。

落選後4年間、約1万2千軒ある有権者宅を訪ね歩いた。自宅に住宅地図を張って、1度訪れたところには白いまち針を、反応が良かった世帯、もしくは2度回ったところには

ピンクのまち針を、「この家は完全に私の支持者だ」と確信を持った家には赤いまち針を差した。

回れど回れど、ピンクは増えたが、なかなか赤には変わらない。自分を破って初当選した県議は、県議会で農政連（農業者政治連盟）の支持を受けた議員でつくる会派に所属。自民党会派ではなかったが、自民党の支援を受けており、実質的には「自民党県議」だった。町内会長を務めるような地域の有力者は、その現職議員が押さえていた。そこで藏内氏は、有力者本人ではなく、その妻や子供を〝狙って〟家を訪ね、支持を広げていった。

「自民党を牛耳る」という執念を結実

赤いまち針が増え始めたのは、落選から3年半が経った頃だった。振り返って言う。

「様子を見ていたんだよ、有権者たちは。自分は『藏内がいい』と思っても、現職が自民系だからなかなか言い出せない。選挙が近づいて、周囲にも私を支持する人が多いことが分かって、公言できるようになったんだろう」。

そして迎えた87年4月の県議選。自民の推薦を受けて2期目をめざす現職との一騎打ちとなった。藏内氏は1万5058票を獲得し、1万票あまりだった現職に大差をつけて初当選を果たした。

当選後、自民党入りするつもりだったが、誤算があった。当時の福岡県知事は、社会党系だった。藏内氏いわく、「知事と敵対する自民党会派を増やしたくない」と考えた知事与党の社会党が県議選で藏内氏を推薦した経緯から、自民党には入れなかった。藏内氏は自民党にへりくだるどころか、戦うことを選ぶ。「自民党を過半数割れに追い込めば影響力が持てる」と考え、自民党会派を割って10人集めて、新会派「県民クラブ」を立ち上げ、4年間幹事長を務めた。自民側も、藏内氏の地元に公共事業を回さないなど嫌がらせを繰り返したという。藏内氏は振り返る。「『将来は自民党を牛耳《ぎゅうじ》って仕返ししてやる』との執念が募っていった」。

ついに自民党も矛を収め、2期目は無所属ながら自民党の推薦を受け、無投票で再選。3期目から自民党の公認を得た。1期目に「地元で一番強いやつが自民党」を成し遂げ、自民党内での争いも制し、自民党県議団会長を12年間務めた後、15年には、福岡自民トップの県連会長に就任。会長選への立候補には、国会議員、県議らが務める県連役員60人のうち20人以上の推薦が必要だが、56人から推薦を得た。「自民党を牛耳る」という執念が結実したのだ。

選挙に強いことが最低条件

強くなければ自民党に仲間入りできず、自民党を牛耳ろうと思えば、力をつけなければならない。そのために党内で切磋琢磨する。自民党は戦いに勝って、勝ち続けるために戦う強者たちの集まりである。「良い悪い」「好き嫌い」は別にして、自民党は強いのである。

「自民党とは何か」。この問いに対する私の当座の答えは「強者をのみ込むブラックホール」である。

強者とは、人を引きつける、何らかの力を持つ人物である。政治家で言えば、選挙に強いことが最低条件だ。選挙に強いとは、多くの人に自分の名前を書いてもらうことができることだ。自分の名前を書いてもらうためには、好かれてか頼られてか恐れられてかは別にして、人を引きつける力がなければならない。また、強者とは、何らかのリーダーである。地域なり、組織なりの公的な肩書があるリーダーの場合もあるだろうが、肩書はなくとも、人望のあるインフォーマルなリーダーも含んでいる。俗な言い方をすれば、「面倒見のいい、ひとたらし」ということだろう。

自民党に所属する政治家は、数字上は、国会議員よりも圧倒的に地方議員の方が多い。官邸主導が特徴だった第2次安倍政権以降の永田町に限れば自民党はトップダウン組織の典型に見えるが、地方まで広く見渡せばボトムアップの側面がいまだ強い。この本では、地方議員と国会議員との関係、地方議員と地域とのつながりなどを探った上で、永田町での自民党や連立を組む公明党について考察する。そして、最後に「強者をのみ込むブラックホール」である自民党に対峙《たいじ》する野党について考えていきたい（肩書はいずれも当時、一部敬称略）。

第1章　自民党の地方議員たち

圧倒的に数が多いのは地方議員

　2022年4月24日の参院石川選挙区の補欠選挙を終えた時点で、自民党の国会議員は衆院議員264人、参院議員110人、合計で374人である。他方、毎年12月末に総務省が調査する地方議員の所属党派によると、所属が自民党であるのは、21年12月末時点で、都道府県議は1261人、市区町村議は2177人だ。

　これだけでも、自民党の政治家でみれば、圧倒的に地方議員の方が多いことは分かるのだが、ここで挙げられているのは「自らは自民党だ」と、党の看板を掲げている議員の数である。とりわけ一般市区町村の議員には、自民党員でありながら自民党を名乗らず、「無所属」として活動する議員が圧倒的に多い。総務省の調べでは、無所属の市区町村議は2万526人。このうち、何人が自民党籍であるかは、後で詳述するとおり、自民党自身も正確には把握していない。ただ、取材を重ねた感触で言えば、無所属議員の少なくとも半分は自民党籍があるように思う。地方に行けば、無所属議員の全員が自民党籍がある市町村もあるからだ。仮に50％だとしても、自民党の市区町村議は、約1万人。自民党は2014年、党内文書に自民党系の市区町村議を「1万数千人」と記しており、「無所属の市区町村議の少なくとも半分は自民党員である」という仮説は、大きくは外れていないのではないか。

二つの勉強会

①文化芸術懇話会

1万人以上いる自民党籍のある地方議員のあり方を考える前に、国会議員について、しばらく見ていく。後に描く地方議員との対比が鮮明になるからだ。

「安倍1強」と呼ばれた第2次安倍政権では、安倍晋三首相に対する批判が党内から消えた。しかし、菅政権を経て誕生した岸田文雄首相の下では首相への批判が相次いでいる。それは岸田首相が、官邸主導の政策決定を切り替えようと「政高党高」の方針を掲げ、政府側の意見だけでなく、党側の意向も重要視する姿勢を示しているためだ。岸田氏は意識的に政府と党の分立を図っているのである。

仮に岸田氏が、小泉純一郎元首相や安倍氏のように官邸主導で政権を運営しようとすれば、選挙の公認権などを使って、党内の異論をたやすく封じ込めることはできるだろう。つまり、永田町での自民党の特徴は、首相である総裁や、幹事長などの党幹部が圧倒的な力を持つ権力集中型の構造であり、岸田政権でも何ら変わっていない。安倍政権下のような「沈黙する自民党」にいつ戻ってもおかしくないのだ。

権力集中型の特徴がくっきりと表れた第2次安倍政権下の政治状況では「安倍カラー」の強い意見への許容度は高かったが、政権の意に沿わない考えは封殺されていた。

象徴は2015年6月25日の会合をめぐる二つの出来事である。

一つは安倍氏に近い自民党議員による勉強会「文化芸術懇話会」でのことだ。勉強会の代表は安倍氏に近い木原稔党青年局長が務めた。この日の初会合には、いずれも安倍氏側近の加藤勝信官房副長官や萩生田《はぎうだ》光一党総裁特別補佐ら約40人が出席した。

参加した議員からは「マスコミを懲《こ》らしめるには広告収入がなくなるのが一番。経団連などに働きかけして欲しい」「青年会議所理事長の時、マスコミをたたいたことがある。スポンサーにならないことが一番(マスコミは)こたえることが分かった」と政権に批判的な報道機関への「兵糧《ひょうろう》攻め」を求める声が上がった。講師として招かれた作家の百田尚樹《ひゃくた》氏からは「沖縄の二つの新聞社は絶対につぶさなあかん。沖縄県人がどう目を覚ますか。あってはいけないことだが、沖縄のどっかの島でも中国にとられてしまえば目を覚ますはずだ」などと語った。

これらの発言について、安倍首相はいったん「事実であるとすれば大変遺憾《いかん》だが、党の正式な会合ではなく、有志が集まった会合だ」として問題視せず、「その場にいないにもかかわらず、その方に成り代わって勝手におわびをすることはできない」と謝罪も拒んだが、批判が収まらず、谷垣禎一《さだかず》幹事長は木原青年局長を更迭し、発言した衆院議員を注意。その後、安倍氏が、谷垣氏と会談した際に「沖縄の方の気持ちに反する発言があったことは極めて遺憾だ」と語ったのは、恐らく谷垣氏から問題を認めるよう促されたからだろう。

余談だが、谷垣氏が2016年に自転車事故を起こし、幹事長を退任したことは、その後の安倍自民党のありように大きな影響を与えたと筆者は考えている。谷垣氏が幹事長を続けていれば、その後に発覚した森友学園や加計《かけ》学園をめぐる問題は違う経緯をたどったのではないか。疑義が持たれた安倍氏は「私や妻が関係していたということになれば、首相も国会議員も辞める」と強弁し、問題をエスカレートさせたが、谷垣氏が幹事長であれば、文化芸術懇話会の問題が起こった時のように安倍氏に言い含め、問題を最小限に抑えていたと推測する。

余談を重ねれば、私は常々、「谷垣氏のパラドックス（逆説）」を唱えている。〝モリカケ桜〟など、安倍政権で何らかの問題が起き、内閣支持率が低迷すると、「いま、谷垣さんがケガをせずに、現役で活躍していたら『谷垣首相待望論』が出て、谷垣政権が誕生していたのに……」という声を自民党内から何度も聞いた。しかし、そのたびに、取材相手に「それはあり得ないですよ」と言い続けた。

先に書いたように、谷垣氏が幹事長を続けていれば、安倍首相に助言し、安倍氏もそれを受け入れ、問題はそう大きくならず、支持率低下も一時で済んだはずだ。そうなれば、結果的に谷垣首相待望論は起きえない。一方、谷垣氏が野党自民党の総裁時代には、支持率がさほど上がることはなかったし、いざ政権復帰が確実視される段階になると、谷垣氏は総裁選撤退に追い込まれた。政界の誰もが認める人柄の良さゆえに、首相の座が遠かったのかもしれない。

②過去を学び「分厚い保守政治」を目指す若手議員の会

話を戻す。文化芸術懇話会と同日に開かれるはずだった「過去を学び『分厚い保守政治』を目指す若手議員の会」は、中止に追い込まれた。

若手の会は、岸田派（宏池会《こうちかい》）の武井俊輔、國場幸之助《こくばこうのすけ》両氏と無派閥の石崎徹氏のいずれも衆院当選2回の議員が立ち上げた。「保守中道」をめざす勉強会の呼びかけ文には

「一部に見られるような（歴史）修正主義的な過剰なナショナリズムを排し、保守の王道を歩む」と記した。事前に谷垣幹事長の了解を取りに行った際、谷垣氏は呼びかけ文を見て、「宏池会の臭いがぷんぷんするなあ」と笑ったという。谷垣氏は宏池会出身で党内ハト派の筆頭格だった。一方で、谷垣氏や首相官邸は武井氏らに「反旗を翻すようなものではないな」と釘も刺した。

15年5月に開いた初会合で、武井氏は「今年は戦後70年。戦争がまさに徐々に歴史になろうとしている中、大変重要な節目にある。戦争を直接経験された方、戦後のさまざまな局面で活躍された方の声を時代を担う私たちが直接うかがう、これが非常に重要だ」とあいさつし、「政治家として幅広い保守の一翼を担う存在になる、そういった学びを深める場にできれば、と設立した」と強調した。初会合では、村山内閣から小泉内閣まで8年7カ月間、官僚のトップである事務の内閣官房副長官を務めた古川貞二郎氏を講師に呼び、2回目には作家の浅田次郎氏から戦争の話を聞いた。

問題が起こったのは、6月25日に開くはずだった会合だ。漫画家の小林よしのり氏を招いて会合を開く予定だったが、2日前に急きょ中止が発表された。自衛隊を軍隊と位置づけるべきだとの立場から憲法改正を主張する小林氏は、憲法解釈を変更して集団的自衛権を使えるようにした安倍首相に批判的だった。

同年6月26日の朝日新聞は中止に至った経緯や背景などについて、以下のように記している。

複数の議員によると今月中旬、党幹部の一人が「分厚い保守政治の会」のメンバーに「安全保障関連法案への審議に影響がある」として法案成立まで会合を開かないよう求めたという。一方、メンバーには「党内の幅広い意見が消える」との声もあり、政治学者の御厨《みくりや》貴氏を呼ぶ予定だった次回の会合は、そのまま開くことを決めた。小林氏は朝日新聞の取材に「会合中止は国会が空転しているから、と説明されただけだ。執行部への抵抗勢力になるのが怖くなり、負けたんだと思う。自民は全体主義になっている」と語った。

23日の党幹部会議では「安保法制を批判するOB議員を黙らせるべきだ」「若手の教育をしっかりするべきだ」などの意見が出た。議員がテレビ番組に出演する際、幹事長室への報告を徹底することも確認。自民党中堅幹部の一人は「批判的なことを言ってはいかんという空気が、党内に陰に陽にある」と懸念する。

安倍首相の親衛隊とも言えるメンバーが開いた勉強会、そして、首相に批判的な講師を呼ぼうとして中止に追い込まれた勉強会。二つの勉強会をめぐる顚末《てんまつ》には「安倍1強」の空気が凝縮されていた。

「安倍1強」下の自民党は共産党だったのか

なぜ、異論が許されない空気ができていたのか。自民党には、2009年の下野を現職として経験した中堅以上の層と、12年の政権復帰以降に初当選した層に一つの分断線がある。

麻生政権下の09年の政権転落を知る中堅・ベテラン議員には、政権批判をしない沈黙こそが正義だった。党は09年の下野後、山本有二元金融相を座長、茂木《もてぎ》敏充前行革相を座長代理とする党再生会議を立ち上げ、敗因を分析した。報告書は、敗因の一つに「自民党の古い体質への拒否感」をあげ、こう記した。

「安倍・福田・麻生と3年で3人の総裁が代わったことが、わが党の信頼を大きく低下させた。同様に、メディアを通して国民に映る自民党の姿は、身内で固めた内閣、麻生総裁おろしに代表される党内抗争、派閥の長老による密室談合、テレビで勝手に発言をする若手議員といったものであり、一体感が無く、統治能力に欠ける自民党を嫌悪する国民は少なくなかった」。党内抗争につながる首相批判は、内閣や党の支持率を下げただけだったとの分析である。

自民党総裁として12年末の政権奪還を成し遂げた安倍首相は、中堅、ベテランにとっては与党に返り咲かせてくれた「恩人」だった。理屈より「情」に重きを置く党の気風もあって、政権復帰を果たした恩人への批判がタブー視されたことも大きかったのだろう。

一方、「安倍チルドレン」と呼ばれた12年初当選組や、それ以降に入った若手は、政権を批判するロールモデルとしての先輩議員がいない、「沈黙する自民党」しか知らない。これでは、内側からの政権批判の作法など身につけようもなかった。

安倍首相はその後も国政選挙で連勝した。選挙で勝てるリーダーに対する批判をタブー視する空気は強まり、安倍氏の意向に沿うような考え方だけが党内で「正論」とされるようになったことで、異論が消えていった。

いまは休刊中だが、自民党の機関誌として「月刊　自由民主」がかつてあった。1978年12月発行号に「学習シリーズ①　自由民主党の特質」という論文が載っている。書いたのは学習院大学教授の香山《こうやま》健一氏。発行直前に首相に就任した大平正芳氏や、中曽根康弘元首相のブレーンだった。

香山氏はこう書いた。

「イデオロギー政党は内側に対しては自由な論争や試行錯誤を許容せずに硬直化し、外側に対してはこのイデオロギーを強引に押しつけようとして圧政を加える」

香山氏が、ここで言うイデオロギー政党とは、共産党のことである。しかし、分厚い保守政治をめざすとした若手の勉強会を中止に追いやったことを考えると、香山氏が言う「内側に対しては自由な論争や試行錯誤を許容せずに硬直化し」ていたのは安倍自民党そのものであり、安倍政権の方針と一致しない報道や言論の自由を認めない発言が相次いだ文化芸術懇話会のありさまは「外側に対してはこのイデオロギーを強引に押しつけようと」する強権体質の露呈である。これだけをみれば、「安倍1強」下の自民党は、香山氏が批判したイデオロギー政党である共産党と同じに見える。

党内の「多様性」を保つ地方議員たち

香山氏は論文で自民党について「人間関係中心主義の非イデオロギー政党と言うべき独

自の特質を持った日本型政党」と位置づけ、その特徴について、こう書いた。「ありとあらゆる多様な立場を最大限に包容することのできる、幅広い、寛容な組織となることができる。党員がどのような思想、信条、信仰を持とうが、それは各人の自由に属する問題であって、党は決してその内面にまで立ち入ろうとはしない」「組織原理はあくまで人間関係」。

先に見たように、安倍自民党は「人間関係中心主義の非イデオロギー政党」から変質したようであり、「多様な立場を最大限に包容することのできる、幅広い、寛容な組織」からかけ離れていた。しかし、地方議員にまで視野を広げると、自民党は「人間関係中心主義の非イデオロギー政党」であり、「多様な立場を最大限に包容することのできる、幅広い、寛容な組織」であると言える。

自民党が持っていた多様性をいまも担保しているのは、多くの地方議員である。そんな問題意識から、2015年11月15日の自民党結党60年に合わせて、いくつかの企画記事を執筆した。このうち同年11月22日の朝日新聞朝刊に掲載された「異論出ぬ自民中央、地方が『ノー』 市議、安保審議に注文 『多様性』守る自負」という記事(敬称略)の一部を紹介する。

結党60年を迎えた自民党。党を足元で支えてきた地方議員は中央をどう見ているのか。そこから浮かび上がってきたのは、かつての自民党の特徴であり、いまは失われてしまった、とされるものだった。

「安保法案には反対です。自民党のおごりは正さなければなりません」

10月25日に投開票された宮城県議選。県北部の米どころ、大崎選挙区で、自民党公認で立候補した中島源陽県議の選挙事務所に、こんな檄文《げきぶん》が貼られていた。

送ったのは大崎市議の佐藤勝（38－39ページの囲み参照）、71歳。旧古川市議時代から連続当選8回の重鎮市議だ。40年ほど前から自民党員だが、ずっと無所属でやってきた。

7月、安全保障関連法案の国会審議で、自民、公明の与党が採決を強行した。地元紙の河北新報に佐藤の投稿が掲載された。

「昨年の衆院選で、有権者が自民党に政権を委ねたのは、アベノミクスに期待してのこと」「権力者に意見が言えない政治家と、政府のおごり体質が変わらなければ国民から見放される」

佐藤は市議会でも、共産党とともに「安保関連法案の国民が納得できる十分な審議を求める意見書」を主導した。自民党市議が反対討論したが、1票差で可決させた。自身の反戦の思いとともに、法案に反対する有権者の思いをくみ取ろうとしたのだった。

意見書は安倍晋三首相に送られた。首相が通常国会での成立を期した法案に対して慎重な審議を求めたこの行為は、党の方針に公然と「ノー」を突きつけたものだ。

ところが、その数カ月後、佐藤は県議選で堂々と自民公認の中島を支援した。佐藤は言う。「私の行動は矛盾していると思うが、中島さんは要望をよく聞いてくれる。私が自民党内にいるから、有権者の悩みや苦しみを受け止める力になる」

東京・永田町では、首相に異論を唱えることができない風潮が広がっている。だからこそ、もの言う地方組織が党の多様性と地力だという思いがある（以下略）。

共産候補の応援に転じた元自民党市議

佐藤氏は、菅政権に代わったタイミングで自民党を離党した。しかし、地元選出の自民党の小野寺五典衆院議員との関係はつながったままだ。自民党との距離感を保ちながら、政治的な発言力を保つ考えだが、自民党ときっぱり関係を切った人もいる。

15年10月16日、宮城県大崎市。古川駅近くで栗田彰元市議会議長は声を張り上げた。

「私は、あの騒然とした戦争法の成立をみて、これが先進国なのか、これが国権の最高機関なのか、残念に思った。数の力で暴走する安倍政治に『待った』をかけ、歯止めをかけ、日本の政治の流れを変えねばならない。野党間で、来年夏の参院選に向けて候補者調整が始まっている。日本の政治の根幹である立憲主義を守る、民主主義を守る。こうした極めて大事な大義の下に、小異を捨てて、大同に立つのが、参院選だ。その手始めが今回の県議選だ」。

共産党支部の前で、同党の県議候補のために演説した栗田氏は、すでに市議を退いていたが、まだ自民党員だった。しかし、安倍政権が採決を強行した安全保障法制の成立に我慢がならなかった。地元の党鹿島台支部の役員まで務めた栗田氏を突き動かしたのは、自民党が自らの知る自民党でなくなり、「安倍党」に変質したことが大きかった。

栗田氏は1944年3月生まれ。39歳で、合併して大崎市になる前の鹿島台町の町議に初当選した。地方議員になるための典型的なコースを歩んだ。子供が通う幼稚園、小中高のいずれでもPTA会長を務め、「町議になるのは自然の流れ。知名度や人的な広がりがあった」。コメ農家や養豚業をしながら、町議、大崎市議で当選を重ね、2012年から2年間ほど市議会の議長を務め、議員を引退した。

自民党とのつながりは町議に当選する前からだ。前出の佐藤氏と同様、自民党総裁選に立候補したことがある三塚博《みつづか》氏を支持していた。タカ派の三塚氏とハト派の栗田氏とは相いれないようだが、「三塚さんとの関係は小牛田《こごた》農林高校。三塚さんの思想に傾倒したのではなく、地元でリーダーを目指す人たちのつながりだった。三塚さんも地元に帰った際にはイデオロギー的な話はしなかった」という。

自民党では鹿島台支部の副支部長を務めるなど、党勢拡大を図ったことを評価され、優秀党員として表彰されたこともあった。安保法制が成立する前年の14年に行われた衆院選までは、自民党候補を応援してきたが、安保法制は戦中生まれとして許せなかった。「戦争は回避すべきものだ。数多くの人が犠牲になり、日本中が廃墟となり、焦土と化した。その後、国民挙げての英知と努力を結集して、いまがある。その根源は平和。安保法制は、それを揺るがす」。安保法制は、それまで政府が一貫して「行使できない」としてきた集団的自衛権を一部ながら行使できるようにした法律で、他国、とりわけ超大国・米国の戦争に対し、軍事的協力をできるようにするものだった。平和を希求する思いを次世代に継承しなければ、との思いが募り、安保法制に強く反対する共産党を応援するようになった。

「岸田首相は紳士的」とは思うが……

共産候補の応援後、自宅に自民党鹿島台支部長から電話があった。栗田氏本人は不在。支部長は栗田氏の妻に「共産党の支援は御法度《ごはっと》だ。自民党を辞めて欲しい」。しかし、「私自身は何も変わっていない。変わったのは自民党だ」との思いがあった栗田氏は離党届を出さなかった。党費を払わず、党員資格は自然消滅したが、「実質的な除名」と受け止めている。

栗田氏には平和への思いとともに、長い政治家人生を通じて「政治は拮抗《きっこう》していなければならない」という信念もあった。「安倍1強」だったから、異論なき永田町の政治状況になったと思う。「一人の政治家だけが力を持つ状況だと、力任せの政治になる。野党も応分の力を持たねばならない。『アンチ安倍』との思いもあるが、拮抗する勢力を作りたい」。

安倍政権が終わった。栗田氏は「強権を振りかざす安倍首相と違って、岸田首相は紳士的」とは思うが、首相や幹事長ら党幹部に権限が集まって、それ以外の議員の存在感がない状態は、全く改まっていないと感じる。「宮城には、自民党の国会議員がいないんじゃないか。存在しているように思うのは、岸田首相に近い小野寺五典元防衛相ぐらいだ」。

「外からポッと来た候補者が国会議員に」

佐藤氏が所属し、栗田氏が議長を務めた宮城県の大崎市議会は2015年10月、衆院の小選挙区制度の廃止を求める意見書を全会一致で可決した。首相や総務相、衆参両院議長あての意見書にはこう書かれている。

「『政治改革』の柱として小選挙区制度が導入されてから20年余になります。この制度は政権交代を可能にする制度として受け入れられてきましたが、4割台の得票率で7割台の議席獲得が可能になるなど、民意と議席数に大きな乖離《かいり》が生じる問題があり、有権者の政治離れなど政治の劣化を招いているといえます」

市議会は、それまでに、安全保障関連法や、環太平洋経済連携協定（TPP）の交渉参加に反対する意見書を可決してきたが、政権は一顧だにしなかった。地元の国会議員も耳を傾けてくれなかったのは、党総裁である首相や幹事長ら党幹部に権力が集中し、政権の方針に反する声を上げられないからではないか、との思いが市議らに募った。行き着いたのが、小選挙区制に問題の根源があるということだった。

自民党鳴子支部長だった中鉢《ちゅうばち》和三郎市議は当時の取材に「小選挙区は次の世代が育たない。政権を担う野党が見あたらない状況なら、自民の議員同士が切磋琢磨した方がいい」と、一つの選挙区から複数が当選する中選挙区に戻すべきだと主張した。意見書のとりまとめに汗をかいた自民党のベテラン門間忠市議は当時の取材に「小選挙区制では、外からポッと来た候補者が国会議員になってしまう。国会議員は地元より、公認を得ようと党本部ばかりを見る」と語った。

落下傘候補はイヤ。地元出身の議員がいい

門間氏は自民党の三塚元蔵相を支援してきたが、長らく自民党員ではなかった。「国会議員、県議、市町村議の系列だから。系列であれば、自民党である必要はないんだよ。幅広くいろんな意見を聞いた方がいいから、自民党に入らなかった」。

14年に自民党に入ったのも、地元の党支部長だった後輩から頼まれたからだ。「党より人」という、自民党らしさが表れている。そんな門間氏にとって小選挙区制は「人より党」を選ぶ意味が強く、物足りない。中選挙区では、同じ自民でも、農政に精通した農林族、道路行政に力を注ぐ道路族、通商産業政策では舌を巻く専門知識を持つ商工族など、

こと。党古川支部長として支部をまとめ、安倍首相に辞するよう迫る文書を県連に提出し、ニュースでも大きく報じられた。その後、全国の党大会で古川支部は党本部から表彰を受けた。「『佐藤さん、よく安倍さんを批判してくれた』という人が多くて、古川支部だけで党員が十数人増えたんだ。それで表彰された」。

自民党の内側から、誤りがあれば恐れずに物言う姿勢は、30ページ以降に再掲した記事のように15年の安全保障法制でも変わらなかった。共産党と一緒になって安保法制をストップさせる会をつくった際には、保守系議員の仲間からは「勝ちゃんに何を言っても無駄だ」と笑われ、共産党の機関紙、赤旗の取材も受けた。「自民系だろうが、共産だろうがイデオロギーとは関係なく、自分の思ったことをきちっと発言する。国に物を言って、正す努力をする。『自民党員だから党の方針に反することを言ってはいけない』なんてあり得ない。『右に倣え』は絶対にダメだ」。

安倍政権に反発するが、地元選出の自民党県議や自民党の小野寺五典元防衛相を支えている。佐藤氏の振る舞いに矛盾はある。しかし、矛盾をも抱え込むことが自民党の特性である。

岸田政権下、改めて取材すると、「自民党員であることを休んでいる」と語った。一時的に離党しているというわけだ。きっかけは第２次安倍政権が終わり、菅政権になったタイミング。「菅首相でも自民党は変わらない」と思ったからだ。それでも21年衆院選では、小野寺氏を支援するために、自ら150人の支援者を集めた。15年に安保法制に反対した時、小野寺氏に「政府の方針を説明して欲しい」と求めたら、党支部の会合に出向いてくれた。「安保法制では考え方が違ったが、きちっと説明してくれた。それに道路整備など安保以外で、大崎市全体のための面倒をみてくれている」と感じているという。

いつ自民党員に戻るのか。「小野寺さんが派閥の領袖になったり、首相になったりすれば、戻るよ」と佐藤氏は言う。

《当時の取材メモをもとに振り返る佐藤勝氏の人生》

佐藤氏は若い頃、宮城県副知事など経て社会党衆院議員に転じた西宮弘氏を支持していた。「当時は農協青年部で、華々しい米価運動を行っていた。西宮さんは農政通だった」。社会党に入党こそしなかったものの、選挙で応援し続けた。

その後は、地元の小牛田農林高校の先輩だった自民党の三塚博元蔵相を支援した。三塚氏は、渡辺美智雄元外相や石原慎太郎元東京都知事らとともに議員集団「青嵐会」を結成するほどのタカ派。佐藤氏は、そのことを嫌って、三塚氏の衆院初挑戦では応援しなかったが、２期目を迎える選挙で「小牛田農林出身の仲間を中心に、いろいろと誘いがあった」。三塚後援会の地元の幹事長を務めるようになり、自民党入りした。合併して大崎市になる前の旧古川市の市議選に出馬したのは、「３軒隣の親戚が市議だった。隣の部落で市長をやっていた人もいた。青年団活動で選挙応援に担ぎ出されていたが、やっているうちに『こんなに選挙や政治は面白いのか。俺も世の中を変えたい』と思ったから」。まさに、人間関係によって、ことが進んだ。

議員信条は「正すべきところは正す」。取材当時の市長は、同じ高校を出た自民党出身者だが、野党的なスタンスで厳しく臨んできた。「地域住民の無理なお願いを頼むときは、国会議員でも県議でも、日頃から厳しいことを言っていた方が、耳を傾けてくれる。何であっても、きちっと議論することが大事だ。私は共産党より市長に厳しいよ。国会議員や県議の話を聞いて、『その通りだ』と、うなずいてばかりではいけない。議論するためには、こちらも理論武装の勉強が必要だ」。しかし、厳しいことを言うにしても、自らが共産党議員ならば、効果はないと思う。「力を持っている自民党の『内側』にいるからこそ、きつく言っても話を聞いてもらえる」。

第１次安倍政権下の2007年参院選で、自民党が惨敗した時のバラエティーに富む人材が立ち、「私は、こっちの自民党候補を応援する」という思い入れがあった。もちろん、出身地は何より大きく、三塚氏を応援したのは地元の小牛田農林高校出身だったからだ。

小選挙区制度が導入された際には「リクルート事件などで政治腐敗がまん延していた時で、小選挙区はいいと思った」。二大政党に向かわせる狙いも分かりやすいと感じ、「政権交代を繰り返せば良い」とも思ったが、自民党と対等に政権を競える野党は育たず、少数党が乱立している。

一方、選挙区に擁立される自民党候補は、地元と無関係な落下傘ばかり。二大政党が根づかないのであれば、自民党内で競争が起きる中選挙区を復活させたいと考え、小選挙区の廃止を求める意見書のとりまとめに力を注いだ。だからこそ、党員として初めて投票権を行使できるはずだった15年の党総裁選で、石破《いしば》茂元幹事長が立候補を見送ったのは残念だった。「石破さんは負けても出るべきだった。その方が論争が生まれる。『本当の自民党の保守とは何か』という論争があれば良かった。安倍さんだけの自民党というのは良くない」。

14年衆院選で野党の安住淳氏に投票した。「安住君は自民党みたいなもんだ」と感じるからだ。岸田政権となった22年3月、門間氏に改めて取材した。すでに市議を退き、自民党員も辞めたという。前年の衆院選では自民党から宮城5区に立候補した元タレントの森下千里氏が支援を求めてきたが、また安住氏に投票したという。門間氏は言う。「またも自民党は落下傘候補だった。やっぱり、地元出身の議員がいい」。

中選挙区時代、選挙期間中は暇だった

大崎市議会は衆院選の小選挙区制の廃止を求めた。この現行制度の下では、いざ衆院選となれば、自民党本部の党職員は全国の激戦区に張り付き、選挙応援に尽力する。各都道府県連の党スタッフも同様にそれぞれの小選挙区で自民党候補の勝利に向けて一体となる。しかし、かつては違った。党本部のベテラン職員は振り返る。

「選挙中は本当に暇だった」

1993年の衆院選までは中選挙区制だった。一部の例外を除いて、一つの選挙区から3~5人が当選する選挙制度で、自民党候補同士もしのぎを削った。それぞれの候補は「自民党公認」として形式上は党が擁立していたが、実態は各派閥による擁立だったとも言える。

当時の新聞を見てみる。中選挙区制で最後となった93年衆院選の広島1区。定数4に8人の候補が立候補した。岸田文雄首相が初出馬した時の候補者一覧である。

◇一区（四―8）

中原好治	30	党支部長〈元〉広島市議＝〈さ〉	日新	新
斉藤鉄夫	41	党県副書記長〈元〉清水建設社員	公	新
河井克行	30	松下政経塾員〈元〉県議	自〈小〉	新
粟屋敏信	66	〈元〉自民党政調委員・建設次官	新生	前（2）
林田敬子	46	党県女性児童部長〈元〉看護婦	共	新
岸田文雄	35	〈元〉代議士秘書・銀行員	自〈宮〉	新
秋葉忠利	50	広島修道大教授・党県顧問	社	前（1）
新本均	43	不動産業・カタログ販売業	無	新

岸田氏の場合は、35歳、代議士（衆院議員）の秘書、銀行員という経歴が続く。「自」は自民党公認の意味。その下の「〈宮〉」というのは宮澤派所属という意味で、「新」は初

当選をめざす「新顔」ということになる。同じ選挙区には、自民党公認で、小渕派所属の河井克行氏が立候補している。河井氏は、2019年7月の参院選広島選挙区で100人に計2871万円を配ったとして、公職選挙法違反（加重買収など）の罪で実刑判決を受けた元法相である。

派閥が擁立する際は、必ずしも自民党公認でないこともあった。

例えば90年衆院選の大分2区。後に防衛相を務める岩屋毅氏は無所属だが宮澤派として出馬した。定数3に5人が立候補したが、このうち自民党前職（衆院が解散されると自動的に衆院議員でなくなるため、前職と表現するが、解散までは現職だった）が2人いて、一人は竹下派、もう一人は旧中曽根派だった。当選したのは社会党前職、自民党竹下派の前職、そして岩屋氏。旧中曽根派の前職を抑えて初当選した岩屋氏は、直後に追加公認で自民党入りしている。

中選挙区時代は社会党など野党候補と争う以上に、自民党候補同士や、岩屋氏のように当選して自民の追加公認を狙う保守系無所属との戦いの方が熾烈《しれつ》だった。

「そんな状況だから、自民党職員は特定の候補を応援できない。だから、選挙中は暇だった」

前出の自民党スタッフはそう話す。

「ミスター自民党」と呼ばれた宮城県議

中選挙区制では、それぞれの自民党国会議員たちは、自らの選挙区で地方議員を系列化していた。ここから先は、大崎市を含む衆院宮城4区で起きた「乱」を素材として、中選挙区から小選挙区になって、国会議員と地方議員との関係が、いかに変わっていったかを考えていきたい。

2013年6月16日の宮城版にこんな記事を書いた。

大崎市長の伊藤康志(63)は県議時代、地元では「ミスター自民党」と呼ばれた。1999年には、県連幹事長も務めた。

県議に初めて挑戦した87年は無所属の37歳だった。当時の古川選挙区の定数は2。元議長で自民の佐藤常之助と、6選を目指した無所属の木村幸男に割って入ろうとした。

当時の朝日新聞宮城版はこう報じている。

「木村は、かつて自派青年部の幹部だった伊藤の激しい攻勢に、危機感を強める」「佐藤は自民票が伊藤に流れることを阻止しようと力を入れる」

トップ当選を果たした伊藤は振り返る。「1議席は新顔でいい、という空気があった。定数2だから当選できた」。91年からは自民党公認で当選し続けた。

農家の生まれ。小牛田農林高の相撲部でインターハイに2度出た。角界入りはあきらめ、青年団活動に励んだ。故・山本壮一郎知事の懇談会に参加したのをきっかけに政治を志した。

のし上がった伊藤は、党公認を得た自民党候補が1人しか立てない衆院の小選挙区に懐疑的だ。「田舎は世襲、都市部はタレント的な人が多い。もっと多様な人材が必要だ」

伊藤市長を取材した際の当時のメモが残っている。伊藤氏はこう語っている。「自民党の国会議員っていうのは、オーナー社長のイメージ。後援会がその軍団で、新興宗教的なイメージだ。思想信条というよりも『俺に付いてこい』ということ。下町の家内工業が法人化したり、拡大したりして、どんどん大きくなって、他の政党よりも強くなった。国民政党、大衆政党ということだ。だから、政党より後援会。『自分党』の集合体が『自民党』だった。それは日本のムラ社会を体現している。中小企業が日本を支えたようなイメージだ」。

ここで伊藤市長が語っている自民党は、あきらかに中選挙区時代のイメージだ。伊藤市長はこうも語った。「選挙も党主導ではなく、後援会が競い合うように支持を広げていった。中選挙区時代は、2世、3世であっても、できが悪いとすぐに淘汰されやすい構造だった。だが、小選挙区になって党が前面に出る。51％の支持を取り付ければいいんだから、都会ではタレント性が求められ、田舎では世襲議員ばかりになる。本当はもっと多様な人材を国会に送り込めるような制度が必要だ」。

伊藤氏が市長を務める大崎市を含む衆院宮城4区で「乱」が起こったのは、自民党が下野していた12年だった。

「家族を明日から地元に住まわせろ」

12年夏。民主党の野田佳彦首相が「近いうち解散」を宣言し、衆院の解散風が吹く中、大島理森《ただもり》自民党副総裁の声には怒気が混じっていた。

「東京に帰るな」「家族を明日から地元に住まわせろ」「行動予定表を出せ」

向けられた先は09年衆院選において宮城4区で落選し、比例復活もかなわなかった伊藤信太郎氏。仙台市内のホテルには二人以外にも、4区の県議たちが集っていた。

なぜ、青森を地盤とする大島氏が、同じ東北とはいえ、仙台の会合に出席したのか。伊藤氏が所属する自民党高村《こうむら》派の重鎮として、「4区の乱」と言われた伊藤氏と県議らとの、いさかいをおさめるためだった。

伊藤氏はその場では大島氏の言葉に「はい」と語ったが、県議らからみれば、その後の伊藤氏の振る舞いは全く改まらなかった。業を煮やしたベテラン県議は、再度、伊藤氏を呼び、衆院選での協力は難しいとの考えを伝えたところ、伊藤氏は「バッジ組（地方議員）は役に立たない」と言い放った。

この県議はかつて伊藤氏に「4区には自民党関係の県議は10人いる。県議は一人あたり、だいたい1万票を目標に戦って勝ち上がってきているから、10人いれば10万票は取れる。だから県議たちをフル活用して欲しい」と伝えていた。それなのに、「バッジ組は役に立たない」という地方議員を軽視する発言に、ベテラン県議は「勝手にやってくれよ」と投げやりな気分になった。

12年12月の衆院選。伊藤氏は8万250票を獲得し、小選挙区で4選を果たしたが、比例復活もできなかった09年衆院選の9万2610票を1万票以上下回った。

衆院宮城4区「乱」の背景――地元軽視

宮城4区を取りあげるのは、衆院議員と地方議員、東京育ちの世襲議員と地元県議、それぞれの関係性の典型例がわかりやすく詰まっているからだ。

大島氏が参加した会合の少し前、自民党県議は、伊藤信太郎氏を4区支部長から降ろそうと画策していた。つまり、民主党政権の失敗によって自民党の政権復帰が見込まれた次の衆院選で、伊藤氏以外の候補を擁立しようとしたのだ。「4区の乱」とは、浪人中とはいえ衆院3期の経験がある支部長を県議たちが引きずり下ろそうとする政争だったのだ。県議たちには、伊藤氏があまりにも地元を軽視しているように見えていた。東日本大震災があったにもかかわらず、地元に寄りつかず、自民党支持者が伊藤氏の支援をしたがらなかったという。

地元に密着しようとしない伊藤氏は、地元県議からみれば、以前から「よそ者」「他人」だった。伊藤氏は、防衛庁長官や衆院議長を務めた伊藤宗一郎氏を父に持つ二世議員。東京で生まれ、幼稚舎から大学院まで慶應、米国ハーバード大学大学院を修了した。その後、防衛庁長官だった宗一郎氏の秘書官や東北福祉大学教授などを務めた。ある県議は語った。

「言葉も標準語。私の支持者は『伊藤さんは話す言葉が違う』と嫌っている」

死去直前、息子を「よろしく頼む」

地元での緊張関係は、現職のまま急死した宗一郎氏の後継を選ぶ2001年の補欠選挙から始まっていた。宗一郎氏はかねて、「政治家は一代限り」と語っており、多くの地元関係者は信太郎氏が後を継ぐとは思っていなかった。しかし、宗一郎氏は死去直前、見舞いに訪れた政界関係者に「信太郎をよろしく頼む」と語ったとの情報が流れる。そのことを裏付けるように、東京都内で営まれた宗一郎氏の葬儀で、小泉純一郎首相が「故人の長男の信太郎君が父親の遺志を継いで、みなさんの支持を得てがんばりたいと意思を固めているようです」とあいさつした。

自民党の地元関係者には寝耳に水。伊藤氏の突然の擁立劇に、大崎市の伊藤市長は「小泉首相の発言は『天の声』。4区の総意ではなかった」。結局、自民党宮城県連は「地元軽視だ」と反発し、予備選を実施。伊藤氏と元参院議員との2人で争われた結果、「弔《とむら》い合戦」に臨む伊藤氏に軍配が上がった。伊藤氏は補選で初当選した。計3回の当選を重ねた伊藤氏だが、地元議員とのあつれきが一気に表面化したのは、09年に落選してからだった。

「国会議員は大卒じゃないとダメだろう」

地元の有力県議は、09年衆院選での伊藤氏の落選後、「初当選した時のように、予備選をやるべきだ。これに勝てば、あなたは立派な候補者になる」と何度も働きかけた。この県議には、予備選で大崎市の伊藤市長を担いで、伊藤氏を引きずり下ろす思惑があった。伊藤氏は、思惑を見抜いたように「予備選は私にとって何のプラスになるのか」と反発した。

有力県議は並行して、伊藤市長擁立の根回しも進めた。市長はすでに60歳を過ぎていた。市長の後援会幹部に、57歳で衆院議員に転じた野中広務元官房長官の名を挙げ、「野中さんを知っているか。伊藤市長は、野中さんに匹敵する人材だ。行動力も4区の政治家の中でずば抜けている」と頭を下げた。

こうした動きを察知した伊藤氏は12年1月、大崎市役所に伊藤市長を訪ねた。伊藤氏は市長に次の衆院選をめざす意思を告げ、頭を下げた。市長は諭した。

「あなたは宗一郎さんの息子だったが、お父さんの貯金はもうない。信太郎さん個人の支援の構図を築き上げるため、県議らの応援を求め、あなた自身の支援態勢を作るべきだ。周りは、あなたのことを『次の衆院選には出ないだろう』と見ていますよ。ギャップがありすぎる。県議や首長の応援がほしいならば『あの県議が応援するのも分かる』と周囲から理解を得られるぐらい、あなたも努力してほしい」

伊藤市長には、自らに協力を求めてきた伊藤氏をむげにできないとの思いがあったのかもしれない。

伊藤市長を擁立しようとした有力県議も壁にぶつかっていた。市長の後援会幹部に根回しを続けたが、ある関係者から「今の国会議員は大卒じゃないとダメだろう。田中角栄の時代ではない」と言われて、ショックを受けた。市長は高卒、県議自身も高卒。政治の世界で学歴は関係ないと思うが、市長を擁立する気力を次第に失った。

12年衆院選の伊藤氏の得票は先述通り、8万票あまりにとどまった。この県議は、取材した13年の段階で、こう語った。

「中選挙区だったら、もっと必死に伊藤市長をくどき、後援会への根回しも進めた。中選挙区なら、高卒だろうが、伊藤市長が無所属で出馬すれば、自民公認の伊藤氏に勝てたはず。伊藤信太郎氏の票の少なさを見ればそう思う」

オーナー社長から支店長へ

中選挙区時代の衆院議員は「オーナー社長」（伊藤・大崎市長）だった。自ら政治資金を集めては自らの秘書らを地方選に擁立し、地域の有力者に声をかけて後援会作りに努力を重ねた。自らに近い都道府県議を作り、その下に市町村議を数多く生みだし、後援会を固めて系列化していった。衆院議員は系列の地方議員や後援会メンバーの陳情を引き受けて、国に働きかけた。系列議員は、その見返りに、いざ衆院選となれば、親分である国会議員のための助力を惜しまなかった。

系列化された集合体は、衆院議員を頂点に、その下に都道府県議や市区町村議、業界団体、地域の有力者が広がるピラミッド構造だった。ピラミッドは下にいけばいくほど、ライバルである他の自民党衆院議員と人脈が重なることも多かった。自民党全体としてみれば一つの中選挙区には、衆院議員ごとのピラミッドが連峰のように連なっており、党の基盤は盤石だった。

しかし、一つの選挙区で1人しか当選しない小選挙区が96年衆院選から導入されて大きく変わった。戦う相手は基本的には野党候補。自民党同士で争うことはなくなった。小選挙区導入の背景には、リクルート事件など「政治とカネ」の問題が頻発したことも大きい。中選挙区では選挙区が広く、かつ自民党同士で争うため、多額の資金が必要で「カネのかからない政治」を実現する狙いもあった。このため、税金を原資とした政党助成金があわせて導入され、選挙費用は主に助成金で賄《まかな》われるようになった。

小選挙区下の自民党国会議員は、かつてのように自らが多額の資金を集め、競うように自らに近い地方議員を作る必要もなくなった。一方、地方議員とすれば、小選挙区では、複数の自民党衆院議員の中から、自らが付き従う「親分」を選ぶことはできず、党本部が公認した政治家を支えるしかなくなった。会社にたとえると、地方議員からみれば衆院議員は東京本社から送られてきた「支店長」にすぎず、他方、衆院議員からみれば、地方議員は自らの部下に当たる「社員」に見えるのかもしれない。

一方、都道府県議や市区町村議の選挙制度は、昔から変わっていない。都道府県議選では、人口の少ない地域を除いて、2人以上を選ぶ中選挙区が続いている。一般の市区町村議選では、市区町村を分割することなく、定数分の議員をその市区町村全体から選ぶ大選挙区である。このため地方議員は、同じ政党同士でも、いまだ選挙で競い合わねばならず、地方の自民党では都道府県議以下、いまも系列化されているケースが少なくない。その意味では、衆院が小選挙区になっても、地方議員だけでみれば自民党の構造は大きくは変わっていない。

ただ、ピラミッドの頂点で「オーナー社長」として振る舞っていた衆院議員だけが変質し、東京から送り込まれる「支店長」となった。衆院議員は、地方議員たちが作り上げた「頂点なきピラミッド」の上に、ちょこんと乗るだけの存在になったかのようだ。

自民党地方議員の平均的な考え方

宮城県大崎市や、同市を含む衆院宮城4区を舞台に、自民党の国会議員と地方議員との関係を考察してきた。ここからは自民党の地方議員の「平均的な考え方」をみていきたい。

舞台は愛媛県である。2018年秋の自民党総裁選は安倍首相と石破茂元幹事長の一騎打ちになった。安倍氏が国会議員票の8割以上を得て、圧勝し、3選を決めた。ただ、党員・党友が投票する地方票では安倍氏55％、石破氏45％となり、石破氏の善戦とされた。なぜ、石破氏は地方票で善戦できたのか。その理由を探ろうと、朝日新聞と東京大学大学院の前田幸男教授（政治学）との共同調査という形で、愛媛県の自民党所属の地方議員にアンケートを行った。愛媛を選んだのは、同県の地方票が、全国平均と同じ安倍首相55%、石破氏45%だったからだ。もちろん、地方票は党員・党友票であり、地方議員と全く同じとは言えない。ただ、地方議員は国会議員より日常的に党員と接することが多く、地方議員の回答は、一般党員の意識をより反映していると考えた。愛媛を「全国の縮図」と見立て、アンケートを取ることによって「自民党の地方議員の平均的な考え方」を探ることにしたのだ。

同県の県議、市町村議のうち、自民党員とみられる人たちに調査表を送り、計214人から有効回答を得た。このうち、総裁選での投票先を明かした193人の内訳は、安倍氏101人（52%）、石破氏92人（48%）で、総裁選で示された党員・党友の意識とおおむね一致していると言って構わないだろう。

市町村議の「党人」意識の薄さ

アンケートをもとに取材すると、大きく三つのことが浮かんだ。一つ目は安倍氏の支持が厚いのは若年・都市部であること、二つ目は歴代首相でみれば安倍首相より田中角栄元首相への共感が高いこと、三つ目は衆院の小選挙区が嫌悪されていることだった。

一つ目の安倍氏の支持構造について分析していく。地方議員の年代別の投票先をみると、安倍氏への投票は40代以下は14人中13人と93％にのぼったが、50代になると30人中18人と60％に低下。60代（85人）になると、石破氏が52％と逆転し、70歳以上（64人）でも石破氏が55％を得た。衆院の選挙区別にみると、人口が集中する県庁所在地の松山市がある1区を地盤とする地方議員は安倍氏に投票したとの回答が特に多く、一方、農林漁業が中心産業の4区では石破氏が上回った。都市部・若手の議員が安倍氏を、地方・高齢の議員が石破氏を支持する傾向が明確だった。

安倍氏に投票した地方議員の肩書を見ると、県議が16人中12人（75％）、市議が115人中66人（57％）、町議が62人中23人（37％）となった。県議と市町村議の間に一つの分断がある。かつて取材した東日本の県議の言葉を思い出す。市議時代は自民党員のまま無所属を貫いたが、県議にくら替えする際に自民党公認になった経緯について、「県議選は政党選挙になる。それに県議は、日常的な陳情とかで国会議員や各省庁との関係が出てくる。自民党を名乗っている方が何かと有利だ」。県議になると、党本部に呼ばれたり、国会議員と直接やりとりしたりする機会が増え、「党人」としての意識が高まる。現職の首相として「選挙の顔」である安倍氏への忠誠心が、県議になると強まるということだろう。

裏返せば、市町村議の「党人」意識が薄いということでもある。松野町の板尾喜雄町議の話が参考になる。板尾氏は19年2月の町議選に出馬せず、引退したが、アンケート時点では町議として回答してもらっていた。

10人の党員集めというノルマ

板尾氏は25歳で林野庁に入り、四国で勤務を重ねた。53歳で早期退職し、民間企業に再就職した。03年に町議選に出たのは、自らの住む地区の先輩町議が引退したからだ。当時65歳。当選し、自民党入りした。「町議になると自動的に自民党に入る。議長はあて職（兼任）として、自民党支部長になる。だから、自民党員としての意識なんて、全くない」。時の支部長の意向にもよるが、町議に当選し、党員になると、10人の党員集めをノルマとして課されることもあった。「知人に名前だけ借りて、党費は、自腹で払った」。

自民党に入ったからこそのメリットもあった。「陳情する時の人脈は役に立った。イデオロギーとか関係ない。自民党員じゃないと、町議であっても国会見学すらできない」。町議に落選し、自民党を離れたが、「地元の地区に町議がいないから」と周囲に促され、再び復帰した際にはすぐに党員に戻った。「安倍さんは嫌い。森友学園や加計学園問題、統計不正の問題でも、おごりすぎている。もっと国民全体の思いに寄り添って欲しい。弱者を切り捨てている。田舎は本当に疲弊している」と漏らした。

板尾氏だけが特別な考えではない。別の町の町議は、運送会社のサラリーマン時代は労働組合に入り、民社党を支持し、「自民党なんて支持したことはなかった」というが、町議になって自民党入りした。「町議イコール自民党。自民党に入らないと、町議仲間から『どうしてや?』と言われた」と明かした。あて職として自民党入りする市町村議たちは、一般有権者の感覚と、ほぼ同じだと言えそうだ。

「角栄」支持の背景に疲弊する地方

アンケートでは、歴代で最も評価する自民党総裁について尋ねた。有効回答を得た214人のうち、田中角栄元首相を選んだのは79人(37%)。当時現職だった2位の安倍氏と回答した38人(18%)を大きく引き離した。総裁選での投票先で安倍氏を選んだのは若年・都市部という傾向があったが、この設問も同様で、衆院1区の地方議員は田中、安倍両氏を選んだのは同数、40代以下でも田中氏と安倍氏はほぼ並んだ。

角栄氏への共感はなぜ、広がっているのか。角栄氏を選んだ60代の市議には「言ったら実行する力」が魅力的に映る。「何より人間が正直だ。他人の面倒もみる。頼まれてできることであれば実行する。私も政治家として、正直でありたいと思っているし、頼まれたことは、こなせるならば実現したい」。

合併前の町議になったのは40代。電気設備会社を経営し、政治に関心はなかったが、「地元の部落（町内会）に推されて出馬した」。初当選後、自民党入り。その時に一緒に当選した町議全員が自民党員だった。その後、合併で市になっても当選を重ねてきた。自らの故郷である旧町の衰退が気になる。旧町にあった県立高校は廃校になった。かつて20人弱の町議がいたが、合併後の市議で、旧町出身者は3人だけ。「企業誘致で旧町を活性化したい」と思うが、うまくいかない。総裁選では白票だった。安倍氏の外交は評価できるが、地方が疲弊している中での経済対策に不満がある。

一方、石破氏の安倍政権批判や地方の活性化策には共感できるものの、永田町で仲間を作る努力を怠っており、「本気で総理をめざす気迫が足らない」と感じた。「石破さんには角栄さんのような行動力がない」。

久万《くま》高原《こうげん》町議の日野明勅《あきのり》氏も田中氏を選んだ。中山間地にある典型的な過疎の町だ。「限界集落が消滅集落になっている」。移住者を増やそうとしたが、そう簡単ではない。以前から角栄氏のファンで、『日本列島改造論』をむさぼり読んだ。「角栄さんがいれば、過疎高齢化問題に本腰を入れてくれるのではないか」。田中氏の選挙区だった新潟県長岡市に行った際、立派な道路やトンネルに感動したことを覚えている。「我田引水かもしれないが、素晴らしかった。ああいう人じゃないと、田舎の人の気持ちは分からない」と話した。

一方、安倍氏を「歴代で最も評価する総裁」に選んだ県議は、都市部にある地元の製造業が好調でアベノミクスを評価した。「田中氏のようなグレーな古い首相は今の時代では通用しない。もう一歩進んだリーダー性が求められる」と語った。

田中、安倍両氏につぐ3位は郵政民営化など構造改革を進め、「自民党をぶっ壊す」とぶち上げて人気を集めた小泉純一郎元首相で19人（9％）が支持した。安倍、小泉両氏はそれぞれ長期政権を築いており、わずか2年間しか首相の座にいなかった田中氏への評価が際立っていた。

小選挙区制では党本部に逆らえない

アンケートでは「望ましい衆院の選挙制度」も尋ねた。61％が、一つの選挙区から3～5人を選ぶ「中選挙区」の復活を望んでいた。復活すれば、自民党候補同士が激しく競い争う苛烈な選挙戦に戻るのに、どうして過半数が望むのだろうか。

中選挙区制と答えた市議は、アンケートの自由記述欄に「現在のような制度では党本部に逆らえない。総裁や幹事長の顔色を見ながらでは、意見も出ない。自由闊達に物を言える組織にしなければ」とつづった。ある県議も「中選挙区は確かに派閥がどろどろして悪い面もあったが、右から左に幅が広かった。そうじゃないと、国民の声は届かない。小選挙区では、国会議員はトップの意見を聞くだけ」と同じような見解を示した。

定数1の現在の小選挙区は、党の看板を背負って野党と戦うため、党の看板イコール党公認の権利を握る総裁（首相）や幹事長の権限が強く、個々の議員の力は圧倒的に衰えた。そのことへの不満の表明である。

ある県議は「党に競争がないと、地方の声が中央に届かない。選挙区に党所属の衆院議員が複数いれば、『この問題ならこの人』『あの問題ならあの人』と選択できる」とし、党内で異論が出にくい「安倍1強」への批判も込め、総裁選では石破氏に投票した。県議選の多くは定数2以上の複数区で、自民候補同士も競い合う。全定数を一つの選挙区で決める市町村議選も同じだ。同じ自民党同士で競うことが、互いを高め合うことにつながるという、自らの皮膚感覚を投影しているのだろう。

こうした思考はアンケートで尋ねた別の設問からもうかがえる。望ましい自民党のあり方について「総裁がリーダーシップを発揮し、一致団結する」と「複数の強いリーダーがいて、意見の多様性がある」の二択で選んでもらったところ、前者が46％だったのに対し、後者は53％。特に後者を選んだ層の71％が中選挙区の復活を求めた。

ある県議は、「いい政治には競争が必要だ。野党がしっかりしていれば、今の小選挙区でもいいが、野党がだらしない。だからこそ、中選挙区に戻して自民党内でしのぎを削る方がいい」と語った。アンケートで「国政で自民党にとって脅威となる野党」を尋ねたところ、「なし」など政党名を挙げなかった議員は57％に上った。「野党はもっと頑張って頂きたい」「もう少し強い野党を望む」と記した議員もいた。

「日本会議」系議員の中にも中選挙区制復活待望論

安倍政権を強く支持する議員の中にも、中選挙区制の復活待望論はある。憲法改正運動を進める「日本会議」の地方議員連盟副会長を務める森高康行県議もその一人だった。1970年代に田中派と福田派が争ったのが、党の良好なイメージで「党内はもっと競った方がいい」と望んだ。「安倍1強」を維持するため、二階俊博幹事長ら本来なら政治理念を異にする勢力に安倍氏側が配慮せざるを得ず、そのことが、憲法改正など首相がめざす政治への力をそいでいるのではないかと考えていた。

アンケートによって、安倍首相を支持する側にも、批判的な立場の側にも「1強ではなく、競い合う党」への思いが地方議員に強いことがうかがえた。国会議員票では8割以上を得た安倍氏が、地方票で55％にとどまり、石破氏に45％を奪われたのは、地方議員や党員での「石破人気」というよりも、「1強」への嫌悪感が土台にあったのだろう。石破氏は「反安倍」の受け皿というよりも「反1強」の受け皿だったと言えるのかもしれない。

このことは「ポスト安倍」を争った20年9月の総裁選からも分かる。突然の首相退任に伴う簡易型の総裁選となったため、正式な党員・党友による投票はなく、代わって行われたのは、各都道府県に3票ずつが配分された都道府県連票だった。全141票のうち、菅義偉氏は89票、石破茂氏は42票、岸田文雄氏は10票。「地方で人気の石破氏」とは、とても言えない結果となった。

ここまでは主に宮城県を舞台に国会議員と地方議員との関係性を、また愛媛県を代表例に自民党の地方議員の意識を考察してきた。次章では、大都市部の地方議員に焦点を当てる。

第2章　大都市部の地方議員たち

都市部で「自民党」を名乗る議員が多いのはなぜか

市区町村で全国最大の人口を誇る横浜市。

横浜市議たちは自らが属する議会のことを「市議会」とは言わず、「市会」の呼称を使う。ホームページによると１８８９年（明治22年）に、全国の市で初めての議会が開かれた時、すべての市が「市会」と呼んでいたが、戦後の１９４７年（昭和22年）に地方自治法が公布され、市の議会のことは「市議会」となる。しかし、横浜、名古屋、京都、大阪、神戸ではそれまで通りの「市会」を名乗っている。ある横浜市議は言う。「国の議会は国議会とは呼ばず、国会。ならば、我々も市会でいい。国政と市政の違いはあれ、有権者に選ばれた同じ議員としてのプライドもある」。

横浜市議を例に引きつつ、都市部と田舎の地方議員について分析していきたい。

２０１９年４月に行われた横浜市議選での当選者86人の政党別の内訳をみると、自民党33▽公明党16▽立憲民主党16▽国民民主党２▽共産党９▽神奈川ネットワーク運動１△無所属９となっており、自公で過半数を占めている。ここで見たように、横浜市を含む政令指定都市の市議選では政党から公認をもらい、政党名を看板に掲げて戦う人が多い。

しかし、地方に行けば行くほど、政党を掲げて戦う候補は減っていく。全国市議会議長会が21年7月にまとめた全国の市議会の所属党派によると、自民党13・1％▽公明党11・9％▽共産党9・3％▽立憲民主党3・2％▽国民民主党0・7％▽社民党0・6％▽日本維新の会0・7％▽古い政党から国民を守る党0・1％となっており、自公で合わせても25％どまりで、とうてい過半数には届かず、「最大勢力」は無所属の56・3％である。

市よりもさらに人口が少ない町村の議会をみると、さらに自公の割合は減る。全国町村議会議長会がまとめた21年7月時点の町村議の所属党派は、自民党は1・2％に過ぎず、共産党6・6％▽公明党3・9％▽立憲民主党0・3％などで、無所属は87・3％にのぼる。

このように無所属は市議の6割近く、町村議の9割近くを占める。しかし、先に書いたように無所属の市町村議のうち、少なくとも半数は、自民党員と推測される。こうした人たちは自らの選挙では地域の代表として、あらゆる支持層の票を幅広く集めるため、無所属を名乗るが、衆参の国政選挙となると、全国津々浦々で自民党の集票活動の中心となって動く。

一方、都市部で「自民党」を名乗る議員が多いのはなぜか。

ある自民党横浜市議はこう言う。「人口比でみれば、横浜市議1人あたりの人口はかなり多い。地元住民の要望を聞くといっても、目の届かない部分も多い。だから、党を名乗らなければ『この人、誰か知らない』となる。党の看板がなければ票は増えない」。

横浜市議は、同市の住民4・4万人に1人の計算となる。4万人を超える人の要望を直接聞くことなど確かに不可能だろう。総務省の「地方議会・議員のあり方に関する研究会」で20年1月に示された資料によると、議員1人あたりの平均住民数は、政令指定都市では約2・3万人▽人口50万人以上の市区は約1・4万人となり、人口規模に応じて次第に減少し、人口5万人未満の市は1939人。町村では992人となる。人口が少なければ少ないほど、有権者全員とは言わずとも、かなりの割合の住民の声を聞くことは可能だろう。

横浜市議の給与は月95万3千円、政務活動費月55万円

前出の横浜市議は続ける。「人口比で考える場合、横浜市議の給与は高くても、市全体としてみればコストは安い。これは他の都市部も同じ。都市部の地方議員は十分な給与をもらっていて、兼業せずとも議員一本で生計を立てられる。自宅とは別の事務所を構えて、

スタッフも雇える。かつては、横浜にも兼業議員は多かったが、最近では専業ばかり。例えば、自営業もある兼業議員は、その地域の代表として出ている。その場合、『自民党』を堂々と名乗りにくい。地域には他党支持者も多く、自分の商売の邪魔になりかねない」。

給与の違いを見てみる。総務省のホームページ掲載の資料によると、横浜市議の給与は月95万3千円。政令指定都市の市議の平均給与は少し低く、月80万5千円。一方、市議（政令指定都市を除く）は月43万円、町村議になると月22万2千円。地方議員の調査研究活動のため、給与とは別に、自治体が公費で負担する「政務活動費」も都市部の議員の方が多くなる傾向にあるとみられ、横浜市では議員1人あたり月額55万円が支給されている。

さらに地方議員の職業もみていきたい。先述の総務省の資料「地方議会・議員のあり方に関する研究会」によると、市議や区議で最も多いのが議員専業の46・4％。続いて、農業、林業11・2％▽卸売・小売業5・7％▽サービス業4・6％▽建設業4・0％などとなる。一方、町村議になると、最も多いのは農業・林業の30・0％、議員専業は市議・区議よりだいぶ減って22・8％。このデータからは明確に読み取ることはできないが、恐らく県庁所在地など、より都市部の市議になるほど、議員専業が多いのではないかと推測できる。

つまり、都市部ほど給与が高く、専業議員＝「プロ政治家」として活動できる。彼らは、より多くの有権者の支持を得なければ当選できないが、直接関係を持てる住民の割合は少ないため、政党名を名乗った方が支持を得やすい。一方、地方に行けば行くほど給与は低く、議員活動とは別に仕事を持たねばならず、「地域代表」の側面が強まる。このため、無所属の方が支持を集めやすい――ということになる。

菅前首相の「留守番隊」

田舎の地方議員、とりわけ市町村議は地域の代表であり、「面倒見の良さ」を売りにしている。そうした議員の大多数は自民党員であったとしても無所属議員として活動している。一方、横浜市議会では自民党の看板を掲げて政治活動を行う議員がほとんどだが、田舎の議員と同じく、面倒見の良さをアピールし、地域代表を自任する議員もいる。

典型的な議員は、港南区選出の田野井一雄氏である。港南区を含む衆院神奈川2区は菅義偉前首相の選挙区。菅氏が首相だった時の田野井氏の名刺には、それぞれ笑顔のツーショット写真とともに「菅義偉総理大臣留守番隊」と書かれている。永田町を主戦場とする菅氏の地元を守る「城代家老」と言えば大げさか。

「農家の次男だった父が裸一貫で立ち上げた染色工場」で働いていた30歳の時に横浜青年会議所に入った。早くから市議選への打診もあったが、青年会議所の理事長になりたいとの気持ちから断った。理事長を務めたころの日本青年会議所の会頭は麻生太郎氏だったという。理事長の務めを終えた後、1983年、42歳で初当選した。市議としては菅氏の1期上の先輩。田野井氏は、初当選まもない菅氏に「1期生のうちは先輩の話をよく聞いて、発言は控えろ」とアドバイスしたことを覚えている。

自らの後援会名簿をすべて菅氏に渡す

しかし、菅氏は意に介さず、党市議団の会議で長老が示した人事案に公然と異論を唱えた。「議長をこの人にしろというのはおかしい。当選回数ごとの考え方を聞くべきだ」。先輩議員は怒り、「1期生が何を言うか」と騒然となったが、菅氏は「1期生だって議員なのだから」と譲らなかった。政治家としての菅氏の力量を認める田野井氏は、尊敬する人物に菅氏を挙げ、自らの後援会の名簿は全て菅氏側に渡すほど、菅氏を信頼している。

1940年生まれの田野井氏は、8人きょうだいの長男。16歳で運転免許を取って、地元の子供たちの面倒をみてきた。「向こう三軒両隣、袖振り合うも多生の縁」。そう思って、野原で子供たちと三角ベースで遊んできた。自分を動物にたとえると「マグロ」。回遊していないと死んでしまいそうだからという。自他共に認める面倒見の良さは、父親譲りなのだろう。自身が通った横浜市立桜岡小学校で、父親は子供が8人いたこともあって約15年間、PTA会長を務め、田野井氏自身も5年ほどは会長だった。自身の娘もPTAの副会長に就いたという。

地元の子供会の会長を長年、務める田野井氏は、港南区の大久保最戸《さいど》地区で夏の風物詩とされる「縁日と映画の夕べ」を立ち上げた。場所は桜岡小学校の校庭。毎年7月最後の土曜日の恒例行事である。戦後直後、縁日や野外映画鑑賞会が行われ、近隣の子供たちの楽しみだったといわれていた。こうした地域の伝統を残そうと、田野井氏が中心になって有志による実行委員会を立ち上げ、2019年には30回目を迎えたという。

飲食の模擬店やゲームなどの縁日コーナーのほか、映画上映会もあり、地元の消防隊が駆けつけ、子供たちの隊員体験ができるという。コロナ禍以前は毎年4千人ほどが参加していた。「当初は『田野井市議の売名行為』と言われたが、子供たちが楽しんでくれる。何の問題もない」と言い切る。30年間続けていると、子供の頃に参加していた人が親として参加するようになるという。このイベント以外にも、毎年、50～60カ所の盆踊りに参加する。「先生」と呼ばないように口酸っぱく求めるため、町を歩くときは「田野井さん！」と声をかけられる。「私は頭は良くないが、助けてくれる人が多い。だから、選挙に勝つ自信はないが、負けない自信はある」。

毎年、桜岡小学校で講師を務める。テーマは1945年5月29日の横浜大空襲。当時4歳だった田野井氏は、横浜市中心部が真っ赤に燃え上がったことを今でも鮮明に記憶する。防空頭巾《ずきん》をかぶり、防空壕に逃げ込んだ。戦争の悲惨さを出身小学校の、小さな後輩たちに伝えている。「子供たちの感想文を読むと、自分の平和への思いが伝わっていることを感じる」。田野井氏は言う。「人生100年。その実践者として、地元を発展させていきたい」。

村山連立内閣時の市議会に違和感

自民党の横浜市議には、右派・タカ派の議員もいる。その一人が横山正人氏だ。選挙区は市北部の青葉区。東京都内に通勤する「横浜都民」が多い選挙区である。

横山氏は1964年、横浜市生まれ。桜美林《おうびりん》大学在学中は、自民党学生部に所属。米国デラウェア大学で米国政治制度を研究する中、大統領選挙キャンペーンを体験した。在米日本大使館勤務、神奈川選出の斎藤文夫参院議員の秘書を経て、95年、31歳で横浜市議に初当選した。初当選時は自民、社会、新党さきがけの連立による村山内閣だった。横浜市議会に違和感があった。前年の94年には、定住外国人の地方参政権をめぐって意見書を市議会が採択していたからだ。意見書は「定住外国人が、地域社会の一員としての役割を担っているにもかかわらず、地方参政権が与えられていないなどの問題」があると指摘し、政府に対して、定住外国人に対する人権保障の確立や、地方参政権付与の課題について認識を深める努力をするよう求めたものだった。

横山氏は「当時は自民、公明だけでなく、社会党系の議員まで一体となって市政を回していた。右から左まで。左の人たちの意見も大事にしなければならず、自民党も折れなきゃいけなかったのだろう」。自らが当選後も、自民党は譲りすぎていると感じた。当時の市議会は社会党が一定数の議席を持ち、新進党議員もいて、自民党だけではとても過半数に届かない状態だった。自民党にも、田舎の地方議員のように、議員以外の仕事を持ち、地域代表の側面が強い市議も多かった。波風を立てず、貸し借りを大切にして、物事を穏便にまとめることを最重視する傾向があったという。

それから30年近く経過した。横山氏は「いまの市議会の自民党会派は『正しいものは正しい、ダメなものはダメ』と打ち出すようになった。市議会全体をまとめるために、自分たちの考えを曲げるようなことは、できるだけしたくない」と語る。

「つくる会」教科書採択に注力した市議

横山氏自身が尽力し、自民党市議団の「成果」と誇るのが、横浜市での教科書採択だ。2009年8月、横浜市教育委員会は、10年春から市内全18区のうち8区の市立中学校で使う歴史教科書について、「新しい歴史教科書をつくる会」主導で編集された自由社版を採択することを決定した。この前の教科書採択の時期だった05年には、「つくる会」系の教科書を推した委員は1人だけで、採択が見送られた経緯がある。その後、「つくる会」系の採択に賛成しなかった教育委員が退き、「つくる会」系の教科書を推した1人が残って委員長に就任した。

委員長を含む教育委員は市長が市議会の同意を得て任命する。横山氏は言う。「教育委員は自分たちが自主的に教科書を決める。じゃあ、その教育委員は誰が決めているのか。市長が議会の同意を得て任命する。ということは、その人選が適当かどうかは議会が決められる。市議会、とりわけ最大会派である自民党は『我が党はしっかりと吟味しますよ。

我々の考えと合わない人であれば、否決しますよ』と強い態度を取る。そうすれば、市側は忖度《そんたく》した人事案を持ってくる」。

確かに横山氏の言う通り、法的には、議会の同意がなければ首長は教育委員の任命ができない。横浜市議会では議会の3分の1以上を握る自民党会派が同意するかどうかは、委員任命の大きなハードルだ。一方、文部科学省のホームページによると、教育委員会制度は「個人の精神的な価値の形成を目指して行われる教育においては、その内容は、中立公正であることは極めて重要。このため、教育行政の執行に当たっても、個人的な価値判断や特定の党派的影響力から中立性を確保することが必要」としており、自民党だけの声を聞いていては中立性を保てないのではないか、という疑問が残る。

しかし、横山氏は「市の執行部が自民党会派に事前に持ってくる教育委員の同意人事案を、市議団が拒否したことはない。執行部も、自民党の考えを分かっているだろうから」。人事権を武器に、物事を動かそうとする横山氏の考えは、横浜市議の先輩であり、安倍・菅政権で官僚をコントロールした菅義偉氏の発想とそっくりである。

横山氏は市教委が「つくる会」系の教科書を採択したことについて「私たちも頑張った。それまでの教科書採択というのは、現場の教師から上がってくる調査報告をうのみにしていたが、そもそも調査報告は『参考』程度のもの。それを教育委員に理解してもらった」とも語る。横浜市はその後、全市で「つくる会」系の育鵬《いくほう》社版を選んできたが、20年8月には、育鵬社版を採択しなかった。横山氏は「選ばれなければ、自然淘汰されるから、左巻きの教科書会社も中立の教科書を作るようになった。それは良かった」と語る。一方で「なぜ、育鵬社版を採択しなかったのか。再び左傾化する可能性も残っている」と感じる。これまでは市側が自民党市議団の意向を忖度して教育委員を選んでいると判断し、委員会での審査を省略し、本会議で即決してきた。「今後は教育委員候補を常任委員会に呼んで、教育観をしっかり審査しないといけないかもしれない」と思っている。

保守系無所属は「全体をまとめたがる人」

横山氏は、自民党籍を持ちながら無所属を名乗る保守系議員や、彼らが圧倒的に多数を握る地方議会をどう見ているのか。「ほとんどの地方議会は、自民党籍を持つ保守系無所属の議員が多いわけだから、議会が正しく機能していれば、正しい教育委員を選ぶはずだ。首長は全体をまとめようとして、左派色の強い教職員組合が推薦する委員を出す場合もある。多くの議会は、首長の人選に『ノー』と言わないんだろう」と分析する。

地方の保守系無所属議員の行動原理を「全体をまとめること」に重きを置いているとみる。政治家として当然持つべき考えを主張するのではなく、共産党を含む野党系議員にも配慮し、全体の調和を図ろうとする、というわけだ。「基本的には、地域の世話役で良い人なんだ。こういう人は、自分の地位よりも下だと思う人たちには『良きに計らえ』という人が多い。だから、革新系、左派系の人が出してきた意見書や提案に対しても『まあ、いいだろ』となってしまう」。

保守系団体「日本会議」の神奈川横浜支部事務局長や、同団体の地方議員連盟副会長を務める横山氏は、憲法改正がライフワークだ。かつて地方議員連盟で、国に憲法改正を求める「意見書」のひな型を作り、各地方議会での採択を促した。「私たちが、地方の無所属議員に戦い方を教えて、背中を押してやろうと考えた」。

全国津々浦々に憲法改正の機運を高める活動を続けながら感じるのは、改正の主戦場は、都市部ということだ。「地方には、どんなことがあっても自民党が負けない選挙区があるが、都市部は、時々の風や政治状況でぶれる。ぶれの大きい都市部がキャスティングボートを握っている。我々、政令指定都市の議員が活動を活発化させることが憲法改正のゴールにつながる」。

18年4月20日、東京都内のホテルでは、自民党の都道府県議ら750人を集めて、憲法改正のための研修会が開かれていた。同じホテルであった日本会議の地方議員による役員会に出席していた横山氏は、安倍晋三首相に近い下村博文元文部科学相に「政令指定都市の市議を対象にした研修会も開くべきだ」と直談判。研修会は同年7月20日に実現した。「憲法改正の国民投票で、最前線で票を稼いでくるのは、私たち政令市の市議だ」と意気込んでいる。

共産党も賛成した右派の市議会議長

横山氏は19年5月、横浜市議会の議長に就任した。共産党や野党系の無所属議員も賛成する意向を事前に示していたため、仮議長による「指名推選」により、全会一致で選出された。投票せずに議長が選出されたのは54年ぶりだったという。横山氏は、共産党が反対しない考えを議会事務局側から聞いた時、驚くと同時に「これは大変だ」と感じた。「私は自民党に選ばれた議長じゃない。全ての議員の議長にならなければならない」と覚悟した。憲法改正運動に熱心で、つくる会系の教科書採択にも力を尽くしてきた。それなのに、なぜ共産党が反対しなかったのか。思い当たる節もあった。自民党市議団の団長を務めてきた時の振る舞いだ。「かつては自民党の政策を、どう市政に反映させるかしか考えていなかった。それが、団長になって、自民党の意向を通そうと思えば、共産党や少数会派の意見も、ある程度は採り入れなければならない。その思いで、団長間の交渉に臨んだおかげで、貸し借りの関係が出来たのだろう」。

議長就任後、共産党から「議長に要望したい」と依頼があり、その様子を取材した共産党の機関紙「しんぶん赤旗」にもデビューした。会合で一緒になった共産党市議団の団長から「横山さんが議長で本当に良かった」と言われた。「私の日頃の言動や行動は、共産党にとって心地の良いことはなかったはずだが、『議長としての公平公正な議会運営をしてもらっている』と共産党の団長から言われると、本当にうれしかった」。

右派的な思想を前面に押し出し、田舎の保守系無所属議員を「全体をまとめることに重きを置く」と半ば、批判的に見ている横山氏だが、共産党から評価され、そのことを誇る姿は、田舎の地方議員と同じである。右派的な思想を持とうが持つまいが、都市部であろうが、地方であろうが、自民党の地方議員が併せ持つのは「全体をまとめることに重きを置く」能力なのかもしれない。

地方議員の組織化をめざす自民党本部

「市区町村議会においては、無所属で出馬する候補が多い。町会単位で応援を受けやすい一方、政治スタンスが有権者に分かりづらい」。2014年4月、政権復帰後は初めてとなる15年春の統一地方選をにらみ、党本部がまとめた文書の一節である。

自民党籍を持つ市区町村議は「無所属」を名乗るのではなく、党公認で立候補し、自民党色を前面に出すよう都道府県連を促すものだ。一方で「課題」として「党を明確に名乗って出馬するメリット、党所属議員として活動するメリットを明確にすべき」と記してあり、市区町村議が自民党の看板を掲げて出馬し、政治活動を行うメリットがわかりにくいということが率直に書かれている。

この文書は安倍晋三首相の側近、萩生田光一党副幹事長が中心になってまとめた。

一般の市区町村議は、一つの選挙区から定数すべてが選ばれる選挙制度で戦うため、自民党支持層だけでなく、幅広い支持を獲得する必要がある。その場合、「自民党」の肩書は邪魔になり、自民党員であっても無所属で立候補するケースが圧倒的に多い。

こうした保守系無所属として活動する地方議員たちは、党の多様性を維持し、結果として自民党支持の裾野を広げているのだが、党本部は、この体質を変えようとしたのだ。時に党の方針に身内から批判をあげる地方議員や地方の党員らを統制したい思惑が文書の表現ににじんでいる。

自民党公認の市区町村議数

はたして党本部の思惑通りに、自民党公認の市区町村議は増えているのか。

割合から見ていこう。総務省は毎年12月31日時点で、首長や地方議員の所属党派について調べている。それによると、1989年（平成元年）時点で、市区町村議における自民党議員の割合は4・9％。この数字は「自民党籍はあるが無所属を名乗る議員」は含んでおらず、あくまでも自民党公認の議員である。

その後、しばらく4％台後半が続くが、95年に3・9％台に落ちる。その前年の94年末には小沢一郎氏ら自民党を離れた議員や日本新党の議員らでつくる新進党が誕生し、95年には統一地方選があった。「保守政党イコール自民党」から、保守二大政党の政治状況に変わり、自民党公認で出馬するよりも、新進党支持者も取り込んだ方がいいと判断した市区町村議が「保守系無所属」に転じたのかもしれない。94年に自民党が社会党や新党さきがけとともに連立政権を組んだことに反発を持つ、保守色の強い地方議員の離反があった可能性もある。

平成から令和を通じて、最も割合が低いのが99〜02年の3・6％。99年1月には小沢氏が党首の自由党と自民との自自連立、さらに10月には公明が加わる自自公連立がスタートした。連立を組む自由党や公明党の支持者の票を取り込むには「自民党」の看板よりも、無所属の方が集票活動にプラスになると考えたのかもしれない。その後は、民主党政権だった2011年を除き、4年おきの統一地方選ごとに自民党公認が増えている。特筆すべきは05年か。統一地方選の年ではないが、前年よりも0・6ポイント増の4・3％になった。

21年末時点は7・4％。自民党議員の割合が最も低かった99〜02年の3・6％の2倍以上になっており、割合だけを見れば、党本部の希望通りに公認議員が増えていると言える。

ただ、実際の人数では、別の見方をせねばならなくなる。89年は自民公認の市区町村議は3108人いたが、その後は3千人を切り、基本的には右肩下がり。民主党政権下の2011年には、約半数の1656人にまで落ち込んだ。割合は05年以降、基本的には右肩上がりなのに、なぜ実数は落ち続けたのか。背景としては1999〜2010年の平成の大合併の影響が大きい。財政優遇措置をつくり、政府が市町村合併の旗を振ったことから、全国に3232あった市町村数は1718とほぼ半減。それにともなって市町村議の総数も大きく減った。地方政治家の数が激減する中で、自民党議員も減っていったのだ。

さきほど、統一地方選のない2005年に自民党所属の市区町村議の割合が前年より0・6ポイント増えて、4・3%になったと書いたが、実数を見ると04年の2018人から1952人に減っている。それなのに、割合が大幅に増えているのは、05年に市町村合併にともなう「ミニ統一選」が全国各地で行われたことが大きい。合併で選挙区が広がり、自らが住む町内会や地区だけでの票では当選できず、「自民党」の看板に頼る必要があると考える議員が増えたのではないかと筆者は見ている。

一方、実数ベースでみれば、2015年の統一地方選で、04年以来、11年ぶりに2千人台を回復。翌16年に再び2千人をわずかに切ったが、17年には再び2千人を回復し、21年末時点で2177人。党本部が公認で出馬するよう旗を振った効果はあるにはあったが、限定的と言える。

弱体化する自民党の足腰

先述したように21年末における自民党公認の市区町村議の割合は、全国で7・4%だが、その4倍にのぼるのが富山県である。10市4町1村の261人いる市町村議のうち78人が自民党議員で、実に29・9%もいる。無所属の市町村議の148人（56・7%）には遠く及ばないものの、他県より極めて多い。党本部のスタッフは「無所属の市町村議のほとんどが、自民党員ではないか」と語る。

自民党富山県連は、自民党公認議員だけでなく、自民党籍のある保守系無所属の県議や市町村議の結束強化に、他県よりもいち早く精力的に取り組んできた。地方議員連絡協議会である。県連のホームページにある「富山県地方議員連絡協議会」のコーナーによると、目的として、自治体や地方議会の連絡協調をはかることでわが国地方自治体の健全な発展に資すると明記し、自民党所属の地方議員および自民党無所属議員をもって構成するとしている。

県連関係者によると、党籍のある無所属議員にも声をかけ、年数回、集会を開くなどして、党としての一体感を持つための活動に励んでいるという。ホームページには協議会所属の議員の名前や連絡先などが記されているが、「希望者のみ掲載」としており、選挙戦略上、自民党員であることを隠して活動したい議員への配慮も見える。

自民党本部のスタッフによると、富山県連のように無所属議員も巻き込み、協議会をつくる手法は東京や神奈川でも積極的に進められている。ただ、難しい地域も少なくない。西日本の県連では、2019年ごろ、県連として党籍があると確認できている無所属議員すべてに声をかけて、公職選挙法と政治資金規正法の勉強会を開いたが、半分しか集まらず、結束の難しさを感じたという。

自民党本部が無所属の市町村議に公認で出馬するよう期待し、地方議員連絡協議会のような組織化を推奨しているのは、自民党の足腰が以前よりも弱まっていることの裏返しでもある。別の自民党スタッフは市町村合併の影響を口にする。「合併前の町村の支部長は、町村議がやっていた。町村議が減り、支部も減った。市町村合併の時に『支部は合併しないで残してください』という通達を出したが、やっぱり減った」。支部が一つあれば、支部長や青年部長、女性部長など党員としての役職が付く人が複数存在する。役職がある党員は、誇りを感じて、党勢拡大に尽力する。一方で、支部が減れば、党員が就けるポストもそれだけ減る。役職がなければ党活動に魅力を感じず、党員をやめる人が出てくる悪循環があるという。

「いい加減さ」が残る組織

党本部は、市区町村議や党員を統制したいと考えているが、統制とはほど遠い、「いい加減さ」に組織の強みを感じる向きもある。あるベテラン県議はかつてこう言っていた。「公明党と共産党は内部の統率力がある。両党に比べれば、自民党は末端に行けば行くほどアバウトだ。『それがいい』と考えて、自民党に来ている人も多い。党本部や県連が、『お前は自民党員なんだから、言う通りに動け』というような規制をかけることはできない。そんなことをすれば、党員を辞める人も増えるだろう」。

確かに、自民党はいい加減さが残る。ある町議は「3期目の時に党費を支払うのを忘れて、党員でなくなった」と笑ったが、県議選や国政選挙では「他のどの党員よりも、選挙で自民党候補を応援している自負がある」と語っていた。党費を払い忘れていたからといって、党本部や県連から催促が来るわけでもなかったという。自民党本部のスタッフによると、党支部の役員会に、党員でもない地方議員がいかにも「私こそ自民党だ」という顔をしながら参加し、意見を言うこともあるという。そこで党員ではないことが分かっても追い出されることもない。こうした「いい加減さ」が周囲を巻き込む包容力につながるのだろう。

正確な地方議員数は把握できない

自民党本部の中堅職員は「末端と若手国会議員との間では意識の乖離が大きい」と語る。「1強」下の永田町で首相や党幹部の指示で動く若手の国会議員は、自民党を一つの「会社」ととらえがちだ。そのため、選挙区に戻れば、自らが地元のトップだと考え、「あなたは自民党員なんだから私の言う通りに動いて欲しい」と末端の党員に指示するが、その通りにはなかなか動かず、トラブルになることがあるという。

自民党本部にも「いい加減さ」がある。例えば自民党公認の地方議員の正確な数だ。党職員によると、総務省による毎年12月末時点での統計でしか党は把握できない。ましてや、自民党籍はあるが、無所属を名乗る地方議員の数はさらに把握が難しいという。

党員管理のシステムには「議員かどうか」をチェックする項目があるが、落選したり引退したりした場合でも、きちんと管理してチェックを外さない限り、「議員」のままという。党職員は「市町村合併で議員定数が減り、議員でなくなった人が『議員』のままで残っている例が多数あるんじゃないか」と言う。さらに、毎週のように全国各地で地方議員の選挙が行われるため、リアルタイムでの反映もできない。このため、統一地方選対策として2014年に作成された党内の文書には、党所属の市区町村議員の人数について「自民党系会派に所属する議員は無所属を含め、全国的に議会の第一党にあり、推定では1万数千人に上る」という、あいまいな表記になっている。

なぜ、党員管理が厳格でないのか。かつて衆院選が自民党議員同士が争う中選挙区だったことの名残との見方がある。前出の党職員は「中選挙区時代は、国会議員は『どの地方議員が身内なのか』を、同じ選挙区のライバル議員に知られたくなかった。それはライバル議員も同じ。だから、党として名簿を正確に管理せず、国会議員同士が後援会名簿の形で把握していた」と分析する。

有権者のほとんどが衆院議員とつながっていた

自民党のベテラン秘書は「中選挙区時代は、各地に網の目のネットワークがあった。有権者のほとんどが、どこの党かはともかく、どこかで衆院議員とつながっていて、政治家の世話になっていた」と振り返る。一つの選挙区に複数の自民党議員がいた中選挙区では、政治家はライバル議員と競い合うように地域に分け入った。「それが国会議員の仕事か」

と揶揄《やゆ》されながらも、信号機や横断歩道の設置といった、本来なら地方議員がこなすような陳情も受け入れた。

有権者にとっても、国会議員の存在は、今よりはるかに身近だっただろう。地方では舗装されていない道路も多く、河川整備も進んでいなかった。インフラ整備に向けた政治の役割が今より大きかったことも背景にあるのだろう。

1996年衆院選で始まった小選挙区制の導入で、有権者を取り巻く政治家の網の目のネットワークは薄れていったが、2013年に宮城で取材した際には、その跡が残っていた。防衛相など務めた小野寺五典氏の地盤である衆院宮城6区は、中選挙区時代、定数4の宮城2区の一部だった。

例えば、1986年衆院選では、自民党から大石正光氏や長谷川峻氏ら4人が出馬し、社会、共産両党の候補を抑えて、4人とも当選した。それから30年近く経っていた13年4月、ある市議は「私の住む地区には、大石系と長谷川系の区分けがまだ残っている。例えば、小野寺氏を呼んで集会を開こうとする際の車だよ。この地域はAさんの車、別の地区はBさんの車とした方が効率はいい。しかし、それはできない。かつて大石氏を支持していた人たちはAさんの車で、長谷川氏を支持していた人たちはBさんの運転する車でピックアップしている」と語った。

「大石系」と「長谷川系」は衆院選だけでなく、県議選や市議選でも争っていた。それが数十年も続いた。市議は言った。「いまは、大石系だろうが、長谷川系だろうが、小野寺氏を応援するから同じなんだけど、かつてのライバル同士のネットワークが残っているから、慣例に沿ってやるしかない」。

「俺の軒先で何をやっているんだ！」

小選挙区になり、自民党衆院議員同士の競い合いはなくなった。しかし、県議同士や市議同士、そして国会議員と地方議員との競合は残っている。甲信越地方を選挙区とする12年初当選の「安倍チルドレン」の一人は「都市部では後援会を作っても、その時々の風に左右されることもあるが、田舎では後援会さえ、しっかり作っておけば、風に左右されることも少ない」と考え、後援会作りに奔走した。しかし、同じ地域を選挙区とする自民党県議から「俺の軒先で何をやっているんだ！」と怒鳴られたことがあるという。この衆院議員は「『自分より政治経験の浅い国会議員が自前の後援会を持たず選挙に弱いままでいてくれた方がいい』と考える県議もいる。その方が、私たち国会議員に対する影響力を保てると思っているのだろう」と語る。

九州地方を地盤とする12年初当選の衆院議員は「中選挙区時代は足し算の世界だった。地元活動を重ねれば重ねるほど票になる。しかし、小選挙区は入ってくる票が見えない。党総裁の人気とか、党のあり方とかが選挙結果に直結する。個人の力には限界がある」と後援会作りへの無力感を口にする。それでも後援会の強化に取り組む原動力は、地元の自民党県議に対するライバル意識だ。「強い後援会がないと県議たちに馬鹿にされっぱなしだ。県議に勝つには自分自身で後援会を固めるしかない。それには5年じゃ足りない。10年はかかる」。

小選挙区になり、国会議員同士が競い合って築かれた網の目のネットワークは消えつつあるが、今後も自民党政権が続くならば、当選回数を重ねる国会議員と地方議員同士の競い合いによるネットワークが生まれ、強化されるかもしれない。そうなれば、結果として自民党全体の基盤は強まっていくだろう。

地方議員センターの設置

22年3月の党大会で党本部に「地方議員センター」が設置されることが決まった。国会で決まった法律や政策、党本部での部会の資料を地方側に提供・説明するとともに、地方側の意見を吸い上げることによって、永田町と地方との連携を密にする狙いがあるという。北陸を地盤とする中堅の衆院議員は「選挙区には自民党系の地方議員が多いから、党本部から議員たちに直接、資料を送ってもらえると助かる」と語る。

国会議員のみならず地方議員まで含めた党全体の一体化を図ろうという素朴な考えが設置の狙いなのだろうが、安全保障法制のように党本部の方針に地方から異論が出た場合、地方議員センターは地方議員への圧力を強める装置になる可能性もある。

一方、地方に選挙区を持つ若手の国会議員からは、こんな不安の声が漏れている。「地方議員が党本部から直接、情報が取れるようになると、自分たちの価値がなくなる」。党本部と県連のボス県議が直結することで、国会議員の存在が軽んじられる懸念である。

地方議員センターは自民党の国会議員と地方議員との関係を変えていくのか。今後の自民党のあり方をめぐる試金石になるかもしれない。

選挙対策内部文書と「公認」問題

自民党には「選挙対策要綱」という文書がある。国政選挙や地方選で、どの政治家を党公認とするか、公認する権限は誰にあるのか、決定するにあたって相談しなければならない相手はいるのか……などが事細かに書かれているという。

党関係者によると、衆参の国政選挙、都道府県の知事選、政令指定都市の市長選の四つの大型選挙では、自民党の公認または推薦で戦う候補を選ぶ場合は、党本部に最終決定権がある。それ以外の選挙、つまり、都道府県議選や一般市区町村の首長選、市区町村議選では、都道府県連に候補者の決定権がある。

こうしたルールは、選挙を所管する総務省と党本部との間で確認事項となっている。自民党以外の党にも、独自のルールがあり、各党と総務省とで確認し合っているという。

話を自民党に戻す。さらに詰めて考えると「公認」とは何か、という問題が残る。政党同士が競い合う衆院選の小選挙区・比例区ならびに参院選の比例区は、党が公認候補を届け出る。これが正式な公認となる。一方、参院選の選挙区や地方選挙での正式な公認には、立候補する際に候補自身が提出する「所属党派証明書」が必要である。この所属党派証明書を発行する権限は、参院選の選挙区と知事選、政令指定都市の市長選では総裁に、都道府県議選や一般市区町村の首長選、市区町村議選では都道府県連の会長にある。

党関係者によると、この要綱が議論の俎上《そじょう》に上ったのが、2005年の郵政選挙後の地方選をめぐってだった。地方の自民党県議らが郵政民営化に反対する造反組を支援するケースが相次いだため、「次の地方選では、造反候補を応援した県議らを公認するべきではない」との声が上がり、地方議員の公認権も党本部が握るべきだという声が国会議員の間で高まった。

そこで、翌06年に要綱改正が行われ、都道府県連会長が県議らの公認を決める際に、衆院選挙区支部と「調整」するとの文言が加えられた。県議候補と選挙区が重なる小選挙区を地盤とする衆院議員の意見を聞くべし、という意味だ。しかし、要綱改正後も、都道府県連会長が衆院議員の意見を押し切って公認を決めることができるという。「調整」の文言を加える改正は、あくまでも「意見を聞きます」というだけに過ぎず、06年の要綱改正は国会議員の顔を立てるだけに終わった格好だ。

要綱には、衆院議員側が持つ権限もある。地方議員選に臨む候補の選挙事務所に張られている「公認証」の発行者の名義だ。都道府県議選であれ、政令指定都市の市議選であれ、「みんなで頑張ろう」と士気を高めるため、都道府県連会長でなく、総裁名で発行できるが、総裁名で出す権限は衆院選挙区支部長の「印鑑」が必要という。ただし、「公認証」は事務所に掲げられるペーパーに過ぎず、正式な公認の権限は、あくまで、先述したように都道府県連会長が発行する所属党派証明書だ。

党関係者は言う。「所属党派証明書の発行の権限のあり方は『地方のことは地方で決める』という自民党のありようを表している。『同じ自民党なんだから、地方議員は国会議員の言うことを聞け』という国会議員は、何も分かっていない」。

たとえ永田町で力を持つ国会議員であったとしても、地元での県連会長をめぐる政争に敗れてしまえば、自らに近い政治家を自民党公認の地方議員として出馬させられない可能性があるのだ。

党員を集める地方議員VS.集められない「安倍チルドレン」

自民党が政権を奪還して以降、しばらくは「安倍チルドレン」と言われた12年初当選組に対する不満の声や批判が地方議員の間に渦巻いていた。

その一つが「彼らは党員を集めない」というものだった。県議会議長や党県連幹事長を歴任した北陸のベテラン県議はかつて苦々しく語っていた。「国会議員は党員も集めないため、自前の後援会を持っていない」。自民党同士が争った中選挙区では、国会議員も地方議員と同じように地方に分け入った。票集めのための地盤固めが狙いだったとしても、その副産物として色々な課題を地域住民と一緒に考えてくれたと、この県議は感じている。「国会議員が働かなくなった。党の公認さえもらえば選挙に勝てると思っている。小泉純一郎さんのようにカリスマ性のある人が総裁ならば、誰でも当選しちゃう」。いわゆる「風」だけで当選している、という批判だった。

県議はこうも言った。「国会議員は、県議や市町村議の組織の上に乗っかって選挙を戦っているだけだ」。自民党の組織論に詳しい党スタッフは、県議の言葉をこう解釈する。「国会議員には初出馬で党公認を得るのにノルマはないが、地方議員は初出馬の時に党員獲得のノルマを課すケースがある。それが地方議員側の国会議員への不満となっている」

都道府県議選や政令指定都市の市議選に初めて立候補する人を、自民党として公認する場合、一定数の党員集めを条件とする都道府県連があるという。

「幽霊支部」を許さず、党員50人集めるノルマ

自民党の地方議員が、企業や団体からの献金を受けるためには、ある程度の党員を集めなければならないとするルールもある。政治資金規正法は政治家と企業・団体との癒着を防ぐため、企業や団体による政治家個人への献金を禁じている一方、政党や党支部への献

金は許している。そのため、企業や団体からの献金を受けたい地方議員たちは、自前の自民党支部を作る必要がある。例えば「A県B市」には、「自民党B支部」がすでにあるが、これは、B市における自民党の正式な地域支部であり、その地域の党員の共有物である。B市に地盤を置く県議が、自らを支持する企業から献金を受け取り、そのお金を独占的に使うためには、例えば「自民党B第14支部」という名称の支部を新たに作らねばならないが、党本部は支部を作る際に党員50人を集めるノルマを課しているという。単に献金を受け取るだけで、党員がいない「幽霊支部」を許していないというわけだ。

一方で、A県の衆院1区の候補に選ばれれば、既存の「自民党A県第1選挙区支部」の支部長となり、党員集めをしなくても、企業・団体から献金を受けとる支部を持つことができる。このため、地方議員からすれば、衆院候補は「苦労知らず」と映るのだ。

「ノルマ未達成は落選」の脅し

ただ、「安倍チルドレン」が当選回数を重ねるにつれ、地方からの不満は減りつつある。党関係者によると、国会議員に党員獲得のノルマを課し、未達成者へのペナルティーが次第に強められたことで、国会議員も党員獲得に励むようになったことが理由という。

自民党は2014年、「党員120万人」を目標に設定した。当時の党員数は約70万人。「1億2千万人の国民の1％を党員にする」という目標で、選挙区選出の国会議員に年間に獲得する党員数について1千人のノルマを課した。目標が達成できない場合、足りない人数分について1人あたり2千円を党に収める「罰則」を設けた。つてを頼って名前だけ借りて党員になってもらい、年間4千円の党費に自腹を切る議員もいれば、「罰則を払った方が安く済む」と努力を怠る若手もいる。

党員獲得を重要視する二階俊博氏が幹事長になったこともあり、その後、党はさらに罰則を強める。17年には、極端に獲得党員数が少ない議員の氏名を公表することを決め、20年には未達成議員は、比例区との重複立候補を認めない可能性も検討。重複立候補できなければ、小選挙区で落選した場合、復活当選の芽がなくなる。「党員を集められない」ということは、小選挙区での地盤の弱さの表れであり、「ノルマ未達成は落選」という脅しをかける効果があった。

党関係者は「12年初当選組も、危機感から党員獲得に力を入れてきている。『選挙区内に後援会を張りめぐらせている』とまでは言えないが、エリアごとにネットワークが作れる議員が増えた」と語る。09年の政権転落と12年の政権復帰で、自民党には地盤の強い中堅・ベテラン議員と、地盤の弱い若手議員との間で断絶があったが、「自民1強」が続く中、その断絶は少しずつ消えていくかもしれない。

与野党実力者同士の裏取引

過去のこととはいえ、機微に触れるので、どの県議会のことであるかは伏せておかねばならない。自民党と旧民主党の県議同士の裏取引の話である。

民主党が政権を奪わんとする勢いがある2000年代、自民党県議が無投票を繰り返してきた県議選の1人区であっても、その牙城《がじょう》を崩そうと民主党が候補を擁立することが多々あった。勝ち目は薄くとも選挙で戦うことによって民主党の地盤を拡大・強化する狙いだった。

激しい擁立戦は自民と民主が火花を散らす当時の国政のありようを映し出していたが、都道府県レベルの多くの地方議会では自民、公明のみならず、民主も含めた自公民の3党による実質的な「談合」も行われていた。例えば、自民が進めたい公共事業に対し、民主が反対しない代わりに、民主が牽引《けんいん》する福祉政策に自民が賛同するような取引である。こうした取引に秀でた議員は、自民、民主、それぞれの党で実力者としてのし上がっていった。

自民、民主双方の党内には「派閥」があることが多い。県議選は、人口の少ない地域では1人区もあるが、都市部や中堅都市では定数が2以上の中選挙区もあるからだ。自民党同士が同じ選挙区で戦うわけだが、そうした議員同士はライバル心が強く、簡単には心を許さない。それが党内の派閥形成につながってくる。

ある民主党県議はこう証言した。「自民党のA県議を自民党内の派閥抗争に勝たせるために、県議選の候補者擁立を使った」。この民主党県議は、自民党のA県議と県議会の取引を通じて関係が深まった。A氏が自民党内で力をつければ、民主党内で「自民党と難しい問題でも話し合うことができる」という自らの評価が高まる。そのためには、A氏のライバルである自民党のB県議の力をそがなければならない。そこで使ったのが候補擁立だったという。

A氏の選挙区には民主党は候補を立てない。A氏は無投票で当選できる可能性が高まり、地元に張り付く必要がなくなる。毎日のように県議会に顔を出し、知事ら県幹部や他党の県議との交渉に集中できる。交渉がA氏中心で進むようになれば、自然と自民党内でA氏の信望は高まる。一方でB氏の選挙区に民主党が若い候補を擁立した。当時の民主党は党勢が高まっており、B氏が激しい選挙戦を勝ち抜くためには地元に張り付かねばならなくなった。この結果、A氏はB氏との権力闘争に勝ち、自民党内の最高実力者に登り詰めた。かたや民主党県議も「A氏と交渉できるパイプを持つ」として、民主党内で実力者となった。

表面上は敵対し合っていても、自分の所属する政党で強者になるためには、ライバル政党の強者を互いに利用し合う。こうした取引を通じて、自民党と野党系の実力者同士が接近していく構図があった。

第3章　地域の実情——勝ち上がれば自民入り

前章までは、自民党の地方議員のあり方や、国会議員と地方議員との関係を見てきた。ここからは自民党と地域との関わりについて考える。

自民党は全国各地に支持の網の目を広げている。市町村から中学校区、小学校単位、さらに町内会・自治会まで国民が生活する身近な地域との関係なしには自民党全体を分析できないからだ。

宮城県南三陸町は、2011年3月11日の東日本大震災で死者・行方不明者831人、全世帯の6割にあたる3321戸が全半壊した。3階建ての防災対策庁舎は震災の津波で屋上まで襲われて全壊し、防災無線で町民に避難を呼びかけ続けた町職員ら43人が犠牲になった。

2011年9月から2年間、宮城県に赴任した際、筆者は「自民党とは何か」を探るため、この町を地盤とする髙橋長偉《ちょうい》県議や、彼を支持する町議を集中的に取材した。このとき接した髙橋氏は「強者をのみ込むブラックホール」である自民党に吸い寄せられた典型的な人物であり、髙橋氏を支えた町議らも、髙橋氏を通じて自民党に引き込まれた地域の世話役たちだった。10年ほど前にさかのぼるが、南三陸町は自民党をめぐる力学がよく分かる事例だと今も考える。まず、高橋氏の政治家人生から見ていく。

町の名士が無所属で立候補

高橋氏が宮城県議選に初めて立候補したのは1991年春の統一地方選だった。当時、50歳。きっかけは周囲からの強い要請だ。南三陸町が合併する前の志津川《しづがわ》町を含む本吉《もとよし》選挙区（1人区）では、同じく志津川を地盤とする自民党県議が当選を重ね、当時5期目、67歳。地元関係者によれば、この県議は、当選回数が増えるにつれ、政治力をつけたせいか、地元の首長や町議らとの関係が悪化していた。ある町議は「観光港の建設地は、地元で一致したのに、当時の現職県議は、そことは異なる場所に強引に建設しようとし、若者を中心に不満が募っていた」と振り返った。

「反現職」として白羽の矢が立ったのが高橋氏だった。高橋氏は、その現職県議の後援会の会長を務めていたというのに。後援会長を務めていたのは、高橋氏が「地元の名士」（町議）だったからにほかならない。高橋家は、地元を代表する企業を経営する経済人の家系だった。2013年に取材した高橋氏によると、高祖父が明治24年（1891年）に地元で製糸業を創業。1900年のパリ万博で生糸製品を出品すると、グランプリを獲得し、メダルを授与された。名家出身の髙橋氏は、その1年前には志津川町長への立候補を求められ辞退したが、県議選では志津川町内だけでなく、選挙区となる隣接の町長や町議からも次々に打診が舞い込んだ。

断り切れずに出馬を決めた髙橋氏は、現職県議に「私も出馬しますが、正々堂々と戦いましょう」と仁義を切ったという。いくら髙橋氏に人望があるとはいえ、相手は現職の自民党県議だ。後援会立ち上げは難航した。髙橋氏を口説いた佐藤仁氏（現・南三陸町長）らが、現職県議と関係が薄い若者に声をかけ、髙橋氏を「励ます会」を設立した。

道路に「見張り番」を置く激しい選挙戦

6選をめざす自民党現職と50歳の無所属候補という保守系候補同士の一騎打ちとなった。地方の首長選であれ、議員選であれ、そして国政選挙であれ、もっとも激しい争いになるのは、与野党対決ではなく、自民系の分裂選挙と言われるが、髙橋氏の初陣は、ご多分に漏れず、苛烈な選挙戦となった。

髙橋氏は13年3月当時、こう振り返っていた。「この頃の選挙法はザル法と言われた」。集落と集落を結ぶ道路は一本道で、現職を支援する他の集落の運動員が入ってこないよう見張りをつけていた。地元関係者は「不審者がいると追いかけたり、支援を求めるためにホテルのような会場で飲ませたり食わせたりした」と語った。

高橋氏は激戦を制して初当選。こう考えていた。「地方議員といえども、結果責任が大事だ、県政に影響力のある組織に入らねばならない」。すぐに自民党議員から自民党入りを誘われ、1週間ほど考えて入党を決めた。選挙戦では保守系同士の一騎打ちだったとはいえ、共産党など野党勢力からも支持されていた。自民党入りを批判する人たちに対し、「1人区の現職議員だから、地域からの要望は、どの党のものであっても、受け止める」と説得した。

「励ます会」の初代会長だった佐藤氏は「長偉さんが県議になって1～2期目の時は、町内の小学校、中学校、高校のPTA会長、漁協の組合長ら、あらゆる『長』が励ます会のメンバーだった。それぐらい人望があった」と明かした。その後は、無投票当選を重ねた。高橋氏の政治活動を認めたからか、とうてい勝てそうもないと考えたからか、野党勢力は候補擁立を見送り続けたのだ。

高橋氏は支援者に「ヨイショばかりしか聞こえなくなったら、議員を辞める時だ。厳しいことを言って欲しい」と言い続けた。漁業を生業とするハマの人は「板子一枚下は地獄」という人生観から、白か黒か、はっきりしていて、常に本音でぶつかってくれたことは議員活動にもプラスになった。国政に出るチャンスもあったが断った。若手県議にはこう言い続けた。「国政は政党政治。地方は首長と議会の二元代表制。何のためにバッジをつけているのか、基本を間違わないように議員活動をして欲しい。目先のことにとらわれて、一喜一憂したり、自分のことばかり考えていたりするようでは政治家として大成しないぞ」。

震災に合わせた引き際

11年4月の県議選は、髙橋氏にとって20年ぶりの選挙戦になるはずだった。5度の当選を果たしてきた1人区の本吉選挙区は、人口減少の影響で、隣接する定数2の気仙沼選挙区と合区されることになったからだ。両区を足し合わせた定数3は維持されるとはいえ、気仙沼の方が有権者数は圧倒的に多く浸透に時間がかかる。この年の3月24日に70歳を迎える髙橋氏は「議長も務めたし、世代交代するにはいい区切りになる」と引退も考えていた。だが、次の15年県議選では定数が3から2に減る可能性もあった。自らの後継に南三陸町を地盤とする新顔が立ち、初当選しても、4年後の次は難しい。「1期だけのために新人を立候補させるのはむごい」。最後の務めとして6選をめざし、ミニ集会を重ねた。3月12日に村井嘉浩知事を招待する事務所開きを予定していたが、前日に東日本大震災が襲った。事務所は津波に流され、選挙は7カ月延期。1900年のパリ万博で贈られたメダルも流されてしまった。

高橋氏は被災地を奔走した。仮設住宅のめどが立った夏、引退が頭をよぎった。気仙沼市は隣接するとはいえ、初めて選挙に臨む土地で、拠点もない。以前から「気仙沼モンロー」と言われる土地柄で、地元以外の候補者には票が出ないとされ、厳しい選挙を強いられることは目に見えていた。後援会の多くも被災し、「選挙を手伝って欲しい」と言えるはずもなかった。かつて先輩から言われた言葉を思い出した。「辞める時は自分一人で決断するしかない」。初出馬の際は周囲に推されて、大勢と相談したが、辞め時は孤独だった。仕切り直しの県議選が迫った10月、高台にあって助かった弟の家に後援会幹部20人ほどを集め、引退を伝えた。「辞める」と告げると、ホッとしたような感じの反応が多かった。その様子に、高橋氏もまた胸をなで下ろした。

労働組合の支援を受ける民主党や、創価学会を支持母体とする公明党なら、組織力で選挙戦を乗り切れたかもしれない。地域そのものに頼る自民党議員にとって、地元の被災は自らが築き上げてきた地盤＝組織そのものを失うことになったといえる。

なぜ自民党に入党したか

南三陸町議会には、永田町流にいえば「髙橋チルドレン」と言えるような町議もいた。

南三陸町長の佐藤仁氏もその一人だ。「励ます会」の初代会長に就き、髙橋氏を初当選に導くと、まもなく髙橋氏から「俺の片腕になるために町議選に出ろ」と言われ、合併前の志津川町議になった。

西條栄福氏が合併前の旧志津川町議選に初出馬したのは1996年2月。当時44歳。398票を獲得し、初当選を果たした。同級生だった佐藤仁氏ら計4人の町議で、髙橋氏に学ぶ勉強会を作った。髙橋氏はすでに自民党入りしており、西條氏も自然と自民党に入党した。「自民党とのかかわりはもっぱら長偉さんとの関係だった」。

西條氏は町議になるための、地元の「エリートコース」を歩んできた。小学校では児童会長、中学でも生徒会の役員を務めた。成人してからは、地元住民の互助組織「契約会」のトップである講長を担った。町議になる少し前までは地元の戸倉小のPTA会長も務めていた。「学校にも地域にも一生懸命、関わってきたから、周囲から町議に推された」。

契約会は農作業や葬儀を手助けし合う互助組織だ。東北では江戸時代から続き、「契約講」とも呼ばれる。地域に圧倒的な影響力を持つ講長は数多く、西條氏は「契約会はあらゆることの決定機関だった。ＰＴＡ役員も契約会が決めていた」。１２０戸ほどを束ねていた西條氏は振り返る。「いろんな情報が入るし、人脈ができる。自然と政治的な力がついてくる」。

国政選挙や県議選になると、講長には自民党系の候補者から出陣式の案内が届いた。例えば「30人連れてきてください」などとノルマが書いてあることもあった。地元で同世代のリーダー役を果たしてきた西條氏は言う。「講長やＰＴＡ会長は政治家へのステップかもしれない」。仲間の町議を見渡せば、似たような経歴が多かった。

保守系無所属を貫いた

政治力を蓄えた地域のリーダーは周囲に推されて自民党系の地方議員になり、いざ選挙となれば、その人望を生かして、自民党議員と二人三脚で地域に働きかける。こうした構図は、南三陸町だけではなく全国津々浦々で見られる。九州の自民党県連の事務局長は地方議員をめざす人にこう言ってきた。「まずは、ＰＴＡや町内会長など地域の世話をするボランティアの仕事をしなさい」。県議ならば県政界における選挙区内の市町村の代表であり、市町村議ならば自らが地盤とする町内会・自治会の代表という側面が強い。世話役をこなすことで、地域の信頼を得ていくことが地方政治家になる王道ということなのだろう。

こうした保守系無所属の地方議員は初当選を果たした後、自民党入りするケースがほとんどだが、中には自民党入りが先の人もいる。

宮城県大河原町《おおがわらまち》の町議だった安藤征夫氏は1944年9月生まれ。高卒で、神奈川県内のデパートに出稼ぎに行ったが、茶を仕入れる自営業で町議だった父親が体調を崩し、呼び戻された。1年後に父親は死去。残った遺産は30万円ほどの借金と電話。茶の仕入れ業も続けられなかった。このとき、安藤氏は21歳。中学、高校時代の部活動で磨いたそろばんは、宮城県内でベスト3に入ったこともある腕前。特技を生かし、そろばん塾を開いた。デパートで働いた時の月給は1万円ほどだったが、塾を開くと月5万円の稼ぎになった。最盛期には地域に五つほどの塾に拡大し、最大300人の生徒がいた。地元で青年会議所を立ち上げ、初代理事長にも就いたという。自民党入りは22歳。町に戻った際、友人の父親が県議だったことから、県議選を手伝うようになった。その県議から「自民党に入れ」

と誘われた。まもなく、党大河原支部の青年部長にも就いた。

2000年前後には自民党大河原支部長となったが、町議としては保守系無所属を貫いた。「都会と違って、田舎の人は、あるときは自民系を応援したり、あるときは民主系を支援したり、行ったり来たりしている。だから、自民党籍があっても、あえて無所属を名乗って選挙に臨みたい人ばかり。それなのに、ある一人だけが『自民党公認』となれば、町内各地の自民党支持層の票を、その人が集める。それは、ずるい」。

13年町議選で10期の当選。引退しようと街宣車も他の人に譲っていた。しかし地元に「道の駅」を作る町長を誕生させたいとの思いから、また立候補した。5日間の選挙戦では、たすきを一度もかけず、演説もせず、お茶だけ飲んで回った。家族によると、任期中に食道がんが見つかり、余命2年を告げられた。17年町議選を前に「若い後継者を作りたい」と病身を押して奔走。当選を見届け、同年7月に亡くなった。

勝ち上がれば自民党入り

自民党宮城県議の菊地恵一氏は1999年4月の統一地方選で、地元の宮城県古川市議選に40歳で立候補した。きっかけは、自らがPTA会長を務めていた地元小学校の先生からの思わぬ一言だった。「うちは地域に市議がいないので、壊れた窓ガラスすら、なかなか直らない。政治なんて、そんなものですよ」。

贈答品販売業を生業としてきた菊地氏は「商人は政治にあまりかかわらない方がいい」と考えてきたが、地域がじり貧になる中で、「政治に積極的にかかわっていかないと駄目なのか」と思うようになっていたころでもあった。当時の古川市には、菊地氏が住む市中心部を地盤とする市議はいなかった。地域再生を胸に市議選に無所属で立候補。26の定数を27人で争った市議選では1202票を獲得し、18番目の票数で初当選した。その後、自民党に入党した。

4年後も再選を果たした。最初の転機は2期目途中の04年。市長選に立ち、自民党県議らが支援する前職に2千票差に迫ったが落選した。しかし、菊地氏の「上」をめざす野心は周囲に印象づけられたせいか、次の転機は、すぐに訪れた。合併で大崎市になっていた06年の市長選に、地元選出の自民党県議が立候補することになった。市議に復帰していた菊地氏に仲間の市議が声をかけた。「おい、県議の席が空いたぞ」。

定数4の県議選大崎選挙区には自民党現職がすでに2人いた。「公認は3人もいらない」と言われ、自民党推薦は得たものの、市議時代と同様に無所属で勝負した。結果は自民党公認の2人に続く3位で初当選。その後も当選を重ねて、県連幹事長や県議会議長という、自民党地方議員の出世の階段を駆け上がっていった。

衆院選は、自民党同士も争う中選挙区から小選挙区に変わったが、県議選は自民党公認や保守系無所属が競う中選挙区のままの選挙区も多い。無所属で立候補する新しい候補の中には、菊地氏のように、政治の「空白地帯」である故郷のために政治家を志すものも少なくない。そして、勝ち上がれば、自民党入り。まさに「勝ったものが自民党」の世界が広がっている。菊地氏は言う。「自民同士で、いい意味で競争がある。地域を思う議員同士が切磋琢磨する。それが自民党の強さだ」。

名簿作りをやめた横浜市の町内会

先述した菊地氏のように地域代表として当選した人が、その後、自民党入りするのだから、自民党と地域とのつながりの強さは当然である。地域住民は「おらが地域」の地方議員を全面的にバックアップする。夏祭りや運動会など地域の行事があれば、案内を出し、参加を求める。参加した会場で、地域の道路事情など相談を受けることもあるだろう。こんな日常的なつながりが、選挙時の基盤となる。こうした力学は、特に地方に行けば行くほど、強く働く。

一方、都市部の地方議員は、いくら自民党といえども地域との関係は、田舎ほどは楽ではなさそうだ。

横浜市内で町内会長を長く務めた80代の男性は「自分が会長の時には自民党にも公明党にも、行事の案内を出したことはない」と語る。会長に就任したのは2000年代初頭。都市部を中心に個人情報に世間が敏感になり始めていたころとも重なった。会長になってしばらくして、毎年作っていた、町内会の名簿作りを取りやめた。

市内に選挙区を持つ自民党の神奈川県議のベテラン秘書は明かす。「かつては町内会や自治会から、夏祭りや餅つき大会など、日程の連絡があったが、最近はほとんどなくなった」。連絡が途絶えたのは、いつごろだったか、明確な記憶はない。民主党に勢いがあった09年の政権交代の前後のころではないかと思う、と言う。

このベテラン秘書は言う。「連絡がなくなった今では、自分たちで日程を探るしかない」。町内会・自治会の行事や冠婚葬祭の日程を調べる専属のスタッフも設けている。「宝の山は、町内会の掲示板。かつては住人が亡くなると回覧板で知らせていたが、最近は掲示板。祭りの案内も載っている。あとはメール。住人から転送してもらうこともある」。自分たちで調べて、呼ばれてもいない夏祭りなどの行事に出向くと、「なぜ、来るんだ?」といぶかられるが、それでも行き続けると、「よく来たなあ」と歓迎されるようになるという。たとえ自民党であっても事務所を挙げて日程調べに必死にならざるを得ないのは、都市部ならでは、なのかもしれない。

「労組OBは自民党の集票マシンになる」

神奈川県議会議長を務めるなどした自民党のベテラン県議は、後援会のナンバー2が、自治労OBだったことがある。そのOBは、かつて地元の野党議員の選挙対策本部長を務めるなど、自治労の幹部として自民とは敵対関係にあったが、定年退職後、趣味の野球を通じて関係ができた。OBが住む地元の陳情をこなすことで親交が深まり、後援会幹部を務めてくれるまでになったという。

自治労とは全日本自治団体労働組合の略称である。ホームページによると、全国の県庁、市役所、町村役場などの地方自治体で働く職員のほか、公共サービスに関連する組合が結集する労働組合だ。22年4月時点、連合の加盟組織の中では、繊維・衣料、医薬・化粧品などの産業で働く労働者でつくるUAゼンセン(約185万人)、自動車総連(約80万人)に次いで3番目に大きく、約75万人が所属する。かつては、社会党や民主党などを支持し、いまは立憲民主党から組織内候補を擁立するなど、一貫して非自民勢力を支持している。

「自治労OBは引退後、地元で町内会活動を始めると、自民党支持になることが多い」。そう言うのは、九州のベテラン自民党県議だ。「町内会活動は、結構、手間暇がかかるので、現役世代は自営業者や農家が中心になる。そういう人らは元々が自民党支持なんだよ。しかし、自営業者や農家のおじさんたちは、いわゆる組織の動かし方に不慣れだ。町内会といえども、一つの組織だからね。現役時代に組合活動に励み、野党を支持してきた自治労OBが定年退職後に町内会に入ると、組織運営がうまいので、すぐに重宝される。隣組長になる人も多い」。

この県議の選挙区となる地域では、複数の隣組が集まって町内会をつくるという。つまり隣組の長は、町内会幹部だ。幹部となれば、地元の道路整備や街灯設置などをめぐり、市町村と交渉することもある。その際、力を注いでくれるのは、地元に根を張る市町村議だ。市町村議は、無所属といえども、自民党員のケースが多い。これが、町内会・自治会での活動を通じて、かつて野党を支持してきた労組のOBと自民党との関係が生まれる構図である。

旧民主党系の国会議員の中には、自分たちを支持してくれた労組関係者が自民党支持に転じる状況に危機感を感じる人もいる。ある議員は戸別訪問の際、「立派な家だな」と思ってたずねると、地元の連合幹部の家だったことが何度かあった。連合の地域組織の幹部を務めるような人は、地元では名士であることが多く、定年退職すると地域の世話役になり、自然と自民党とつながりができるという。

立憲民主党の関係者によると、「労組ＯＢは放っておくと自民党の集票マシンになる」と危惧して、定年後のＯＢの引き留めを思案する組合もあるが、うまくいっていないのが実情という。

カネを求めるのは有権者の方なのか

２０２１年６月１日、自民党の二階俊博幹事長の記者会見での発言が波紋を呼んだ。二階氏は、菅原一秀前経済産業相が選挙区内で香典などを配ったりしたとして公職選挙法違反罪で略式起訴される見通しとなっていたことを尋ねられ、「ずいぶん政治とカネの問題はきれいになってきている。マスコミも一般国民も評価してしかるべきだ」「カネのかからない選挙を誰が一番望んでいるか。候補者が一番望んでいる」と語った。

菅原氏の責任を棚に上げ、政治とカネの問題を軽視するかのような発言で、二階氏は激しい批判を浴びた。確かに、「ずいぶん政治とカネの問題はきれいになってきている」という発言は、菅原氏の事件を踏まえれば「どこが、きれいなのか」と言いたくもなるが、かつてと比較すれば、きれいになったことも、また事実だ。

1989年12月、改正公職選挙法が成立した。改正のポイントは、①冠婚葬祭の寄付は本人出席以外は罰則で禁止、②後援団体の寄付も罰則で禁止、③年賀状などあいさつ状、祝電の禁止（罰則はなし）などだった。リクルート事件を契機に、「カネのかかる政治」を少しでも改めたい、という機運の中で、与野党による全会一致で成立したものだ。それまでは、複数の秘書に手分けして結婚式や葬式に出席させ、祝儀や香典という形で、寄付を行うことができたため、多くの秘書を抱えられる資金力を持つ政治家は、カネを合法的かつ効率的に、ばらまくことができた。

しかし、法改正により、政治家自らが冠婚葬祭に出向かねばならなくなると、手当たり次第の参列はできなくなった。そういう意味では、二階氏の言うように、かつてよりは、だいぶきれいになったのだろう。

一方、二階氏の「カネのかからない選挙を誰が一番望んでいるか。候補者が一番望んでいる」という発言は、あたかも有権者が政治家からカネやモノを求めているかのようだった。この発言も当然、激しく非難されたが、長く政治家をやってきた二階氏にとっては、自然な感覚だったのかもしれない。

89年12月14日の朝日新聞に載った法改正の解説記事にはこんなことが記されている。

秘書が「秘書のポケットマネー」だとして秘書名義で寄付をし、暗に政治家からの「好意」を示した場合は、秘書自身が違反となるかどうかさえ微妙だ。しかも例えば、香典や結婚祝いを受けとった有権者が警察に届け出ない限りはチェックできないという捜査上の問題点もある。

自民党内には「寄付をやめることは、礼を失するばかりか票も失う」との考え方が依然として根強い。与野党の改正案を一本化する過程で、いったんは「寄付全面禁止」でまとまりかけた妥協案をひっくり返した自民党竹下派幹部は「冠婚葬祭は政治の原点」と主張してはばからない。「祭りや運動会でお金を出さなくなるのなら、選挙運動の資金手当で埋め合わせねば」と後援会幹部から言われた」と嘆く自民党代議士もいる。

もちろん、政治家にとっても、カネはかからない方がいい。「だれだって規則を守りたい。でも有権者がやめさせてくれない」（自民党代議士秘書）と有権者に責任を押し付ける声も聞かれる。選挙区の「名士」である国会議員らは人が集まるところに寄付をするのが当たり前、とする日本特有の風土は、確かに否定できない。

ある横浜市議は二階氏の発言を受け、「つい最近まで、政治家にカネを求める有権者は身近にいた」と明かした。2010年代半ばのことだ。選挙区の町内会が主催する夏祭りに出向くと、町内会長から参加費を要求され、「払わないと『花』を飾れないよ」と言われた。支払えば「Aさんから金1万円」「Bさんから金2万円」と会場に設置されるボードに「花」とともに飾るという。この市議は「公選法違反になるからできない」と拒否すると、町内会長は「分からないようにやればいいんだよ」と言ってのけた。参加費を払っても、ボードに張られることがなければ、そのまま町内会長の懐に入るだけかもしれない。この市議は、選挙区内の地方議員たちに「要求されてもお金を出しちゃいけない。要求されたら、公にしていこう」と求め、全員で一致した。それ以降は、町内会から参加費を求められることもなくなったという。この市議は「今でも、参加費を求める町内会はあるかもしれない」と推測する。

公明党が進める「LINE」通報

無料通信アプリ「ＬＩＮＥ（ライン）」を使って、道路や公園といった公共施設の破損を見つけた住民から通報を受ける自治体が増えている。自治体にとっては、損傷場所を早期に見つけられ、カメラで撮影することで電話の通報ではわかりにくい損傷具合も把握できるなどメリットがある。ＳＮＳ上には、通報時の写真と修繕後の写真を載せて「通報から1日で補修された。好印象」「試しにやってみた。知らせて1週間くらいでやってくれるなんて、レスポンス早い」などとする投稿があり、住民からの評判は上々のようだ。

ラインでの通報は、公明党が率先して導入を進める地域が多く、公明の地方議員が成果をアピールする事例が目立つ。しかし、同党のベテランの地方議員は首をかしげる。「地方議員が『中抜き』されるだけじゃないか」。

道路や公園など公共施設が壊れた場合、住民は例えば町内会幹部に伝え、町内会幹部は地元議員に自治体に働きかけるよう依頼してきた。支持者の住民から直接、議員に伝えられることもある。地方議員にとっては住民の身近な陳情をこなすことは、政治家としての腕の見せどころ。選挙に向けた最大の集票活動になるわけだ。

しかし、住民がラインで直接、行政に訴えられるようになれば、地方議員への陳情はなくなりかねない。先のベテラン議員は言う。「うちの議員たちは『やった！　自分たちの成果だ』と言うが、私自身は『まずいな』と思っている。有権者と行政をつなぐ回路としての議員の役割が不要になる。地方議員の中抜きだ。ラインによる通報システムは、ゆくゆくは自民党にとってもマイナスになるだろう」。

ベテラン議員は「地方議員の役割とは何か」という根本的な疑問が強まる可能性を危惧する。身近な住民との関係が深いことを自らの売りにしている自民党や公明党の地方議員の存在意義を強く揺さぶるのは、野党の地方議員ではなく、技術の進歩なのかもしれない。

第4章　国会議員と「どぶ板戦」

前章までは主に、地方での自民党のあり方について紹介してきた。ここからは永田町の自民党が持つ「強さこそ正義」の体質を見ていきたい。

まず、自民党国会議員を大きく三つに分けて考えてみる。

第1類型は、初当選（当選直後の追加公認を含む）から一貫して自民党国会議員という「一貫型」、第2類型は自民党で初当選し、いったん離党したが、復党した「出戻り型」、第3類型は他の政党公認もしくは無所属で初当選したが、その後、自民党入りした「流入型」である。

地方議員の際は自民党だったが、国会議員にくら替えする際、選挙区の都合で他党公認もしくは無所属で初当選し、その後に自民党入りしたケースは、出戻り型と流入型の中間とも言えるが、あくまで国会議員の経歴で考えるとし、こうした議員は流入型とする。

22年4月の参院石川補選を経た時点の同党所属の衆参国会議員は374人。このうち、一貫型は323人（86％）、出戻り型は15人（4％）、流入型は36人（10％）となる。圧倒的に一貫型が多いが、政権中枢の陣容や実力者という観点から見ると、出戻り型や流入型の存在感が際立っていることが分かる。

日本新党から自民党入りした茂木氏

自民党には四役と呼ばれる幹部がいる。幹事長、総務会長、政務調査会長、選挙対策委員長のことだ。21年衆院選後の四役4人のうち、3人はかつて自民党以外で初当選した流入型である。

幹事長の茂木敏充氏は栃木県足利市生まれ。1978年に東京大学を卒業後、丸紅に入社。米国ハーバード大学大学院で公共政策を学んだ。読売新聞記者を経て、マッキンゼー社コンサルタントに。経済評論家時代は朝日新聞栃木版にたびたび寄稿するなどしている。91年元日の栃木版「私の年賀状」という企画に、こんな原稿を寄せている。

◆ボーダーレス時代の経済評論家として活躍する　茂木敏充さん（35）

21世紀へのボーダーレスの10年、日本は外に「共通性」を求め、内には「多様性」を実現しなければならない。東京では過剰な投機経済を是正し、地方には個性と活力ある新しいライフスタイルを確立することだ。そして、このボーダー（境界）に位置する北関東と栃木は、「（経済が）強くなければ生きていけない、（生活に）やさしくなければ生きていく資格がない……」。この名探偵フィリップ・マーローの言葉は、90年代の栃木にこそ求められるべきだろう。

茂木氏は91年5月、自民党に入党し、93年の衆院選で、自民党からの出馬を試みたが、選挙直前に離党した。その際の会見では「自民党を変えることで日本の政治を変えるのが近道だ、と思っていたが、それは不可能だと感じるようになった」と述べ、「政権を担える保守政党がもう一つ必要だと思うが、(自民党が分裂状態の)現在の政治情勢なら現実味を帯びてきた」と強調。その後、日本新党の公認を得て初当選した。

日本新党が解党し、新進党が誕生する際には、小沢一郎氏らが水面下で動く党首選について「新しい顔、若い人に党首になってほしいが、報道を見る限り今のままではすでに話し合いで決まっている」「実質的な選挙へ向け若手議員に働きかけてきたが難しい状況だ」と批判。新進党に参加せず、いったん無所属となった後、95年3月に自民党入りが認められた。

新進党から自民党入りした高市氏

政調会長の高市早苗氏が朝日新聞の記事データベースに初めて登場するのは1990年1月24日。同日の衆院解散に合わせた朝刊の記事で有識者としてコメントを寄せている。

◆ビジョン論議欠ける　高市早苗・亜細亜大日本経済短大専任教員（28）＝経営学

90年代は大変な時代です。エネルギー、食糧の確保や高齢化社会、外国人労働者問題など未知との遭遇に対する不安に、政治がどうこたえてくれるか。去年の参院選前まで米国で仕事（米連邦議会立法調査官）をしていましたが、大統領選ではビジョンがわかりやすく論議されるのに、日本は欠けている。消費税については、製品の内外価格差の是正など納得のいく措置がとられれば、5、6％の税率になっても、と思うくらいです。今度の総選挙に女性がたくさん立候補するのは、すごく評価します。ただ、参院選で当選したマドンナの中には「これから勉強します」といった人もいたが、これでは女性の地位は落ちるばかり。女を売りものにするだけでは、いけないと思います。

女性の政治参加を歓迎する一方、不勉強な女性議員に厳しい注文をつけている。その裏返しか、高市氏は21年秋に自民党総裁選に立候補した際に、総裁候補としての公約に直接かかわることにこだわり続け、周囲を困らせたことは永田町界隈では有名な話だ。高市氏を全面支援した安倍晋三元首相でさえ、月刊誌「文藝春秋」22年2月号のインタビューで「高市さんは、真面目で勉強熱心なうえ、胆力もあります」と評価する一方、「ただ、いささか真面目過ぎて、何でも自分で引き受けてしまうところが玉に瑕《きず》。総裁選の時も、テレビに出演してアピールすべきなのに、部屋にこもって細かい政策を練っていたほどです」と苦言を呈した。

高市氏も流入型だ。1961年生まれ。神戸大学卒業後、松下政経塾を経て、米国連邦議会で働いた後、亜細亜大日本経済短期大学専任教員になった。政治評論家として活動していた92年の参院選奈良選挙区で、自民党公認を求めたが、県連拡大役員総会での候補者選定の「選挙」に敗れ、無所属で出馬し、落選。93年衆院選奈良全県区で無所属で初当選し、94年には自民党を離党した柿澤弘治氏らと新党「自由党」を結党した後、新進党に参画した。

小選挙区制度で初めて行われた96年10月の衆院選では新進公認で再選したが、直後に離党。その際の会見では「有権者から見たら、許しがたいだろうが言い訳はしない。『新進党だから』と高市の名を書いた人にも書かなかった人にも背信行為といわれても仕方ない」と陳謝した。衆院での首相指名選挙で自民の橋本龍太郎総裁に投票したことから「自民への入党はあるのか」と記者から問われ、「投票したのは入党が前提ではない。示した公約を橋本党首がのんでくれたから。税制や人権問題など、ひとつひとつの政策については違いがあり、無条件に橋本内閣支持ではない。引き抜き工作もない」と語っていたものの、同年末には自民入りした。単独過半数をめざす自民党が、新進党を切り崩す中、高市氏もターゲットの一人になっていた。

自民県議だったのに日本新党で初当選した遠藤氏

選挙対策委員長の遠藤利明氏は四役の中で唯一、地方議員を経験している。自民党の山形県議だったが、日本新党の推薦を得て無所属で93年衆院選に出馬し、初当選。その後、自民に復党した遠藤氏も茂木、高市両氏と同じ流入型に分けられる。

1950年生まれ。中央大学卒業後、地元山形の近藤鉄雄自民党衆院議員の秘書になった。83年に山形県議に初当選。県議時代は自民党だったが、90年衆院選に初挑戦した時は無所属だった。中選挙区時代は、自民公認が得られなくとも新顔が無所属で公認の現職に挑戦し、当選した後に追加公認されるパターンも多く、遠藤氏の出馬は、当時としては

「自民党衆院議員」になる通例のルートだったといえる。

定数4の衆院山形1区には遠藤氏を含めた7人がひしめいた。中には、かつて秘書として仕えた近藤鉄雄氏もいた。遠藤氏は当時40歳。朝日新聞山形版90年2月8日付に掲載された遠藤氏の紹介文には、強い意気込みが掲載されている。記事を引用する。


政治の道を意識し始めたのは、小学校高学年のころ。県議のおじのところへ、いろんな人が相談事を持ち込んでくるのを見ながら、「自分も、人の役に立つことをしてみたいと思った」。中学の作文ですでに、「将来は政治家になりたい」と書いていた（中略）33歳で県議初当選。あとは、一気に走った。自民党県連の参院選の公認候補選びに名乗りをあげ、投票で敗れると、時を置かず、衆院選への転身を表明した。

9年間秘書として仕えた代議士とたもとを分かっての出馬に、支持者の間からさえ「義理はどうなる」「時期尚早だ」の声が上がったが、「思いっきり働けるいま、戦後生まれの世代の政治をやりたい」「年をとって、名誉職のような感じではやりたくない。これでも遅いくらいだ」と説き伏せた（略）

衆院初挑戦は3万4265票で7人中6位で落選。4位で当選した近藤氏に3万票以上の差をつけられる大敗だった。93年衆院選も無所属で立候補。日本新党の推薦を得て初当選し、同党に入党した。離党後、無所属を経て95年12月に自民党入りした。初の小選挙区となった96年衆院選では山形1区から念願の自民公認で出馬し、新進党の鹿野《かの》道彦氏に敗れたものの、比例復活で再選を果たした。

「出戻り型」と「流入型」には旧型と新型

流入型の茂木、高市、遠藤の3氏はいずれも自民党公認が得られず、他党の公認や無所属として国政入りを果たした後、自民党の衆院議員となった。

ここまで見た3氏は、最後に中選挙区で行われた93年衆院選での初当選同期だ。自民党同士も熾烈に競い合う中選挙区の特性に加え、93～94年にかけて、政権交代可能な二大政党制をめざして離党が相次いだ自民党分裂が直撃した世代にあたる。93年初当選同期のうち、一貫型は安倍晋三元首相や岸田文雄首相らがいる。自民分裂前の90年衆院選までなら、新顔候補が無所属で自民現職に立ち向かうのは一般的だった。実際、90年初出馬時の遠藤氏は、そうだった。仮に自民が分裂していなければ、最後の中選挙区だった93年衆院選では、3氏とも自民公認もしくは、無所属候補として、自民現職への挑戦者となっていたかもしれない。

流入型、出戻り型には、大きく言えば「旧世代」「郵政離党世代」「新世代」がある。

流入・出戻りの「旧世代」は茂木、高市、遠藤の3氏のように、00年代前半までに自民党入り、もしくは復党した世代である。二大政党制をめざして自民党を離党したが、その後、復党した二階俊博氏や船田元氏、石破茂氏も旧世代に当たる。流入・出戻りの「旧世代」の政治家が仮に非自民側に居続ければ、永田町の風景もだいぶ変わっていたに違いないだろう。

「郵政離党世代」は郵政民営化に反対し、05年衆院選前後で離党したが、第1次安倍政権下で復党した人たちが中心だ。野田聖子氏や森山裕氏ら第2次安倍政権で中枢を担った人も多い。「新世代」には、細野豪志氏や松本剛明氏、長島昭久氏ら旧民主党で初当選して政治活動を続けながら、第2次安倍政権下での「自民1強、野党多弱」の政治状況を受けて、自民党入りした人たちもいる。

こうしてみると、出戻り型、流入型には選挙に強い政治家が少なくない。やはり、自民党には強者を引きつける力がある。

出戻り型の出世頭は二階氏

出戻り型のうち、抜群の知名度を誇るのは、先述した二階氏と石破氏だろう。いずれも幹事長を務め、派閥領袖にもなった。

二階氏は中央大学卒業後、和歌山県議を経て、83年衆院選に初挑戦。師事する田中角栄元首相に対して、ロッキード事件の有罪判決が出た直後だった。「政治倫理も大切だが、政治はそれだけではない。『田中軍団を追い出せ』と悪口を言われるが、政治には強い力こそ必要だ」と訴え、初当選を果たした。

当選3回だった92年、自民党竹下派の会長選びをめぐる対立を受け、小沢氏らとともに派を離脱し、羽田《はた》派を立ち上げる。93年6月の宮澤内閣に対する内閣不信任案に与党議員ながら賛成するにあたって、こう言い放った。「自民党執行部に我々を除名する資格があるかっ」。直後に、羽田派44人とともに自民党を離党した。

その後も新生党、新進党、自由党と小沢氏の側近として行動をともにしたが、たもとをわかったのは00年。小沢氏率いる自由党が自自公連立から離脱する際、現職の運輸相だった二階氏は保守党を結成し、連立政権に残った。同年6月2日の朝日新聞和歌山版には

「現職代議士に聞く　総選挙2000」という連載で以下のように答えている。

——現職の大臣でなければ自由党に残ったか。

「仮定の質問には答えられない。しかし、政治は現実だ。連立政権をつくった一人として、連立を壊す行動はとれない」

——自由党の小沢党首と政策の差はあるか。

「理念、政策に変わるところはほとんどないが、連立政権を壊すことは是認できなかった」

その後、保守新党を経て、03年11月に自民党に復党し、旧保守新党のメンバーらと事実上の「二階派」を結成。09年11月には伊吹派に合流し、12年12月には衆院議長に就任した伊吹文明氏に代わって会長を引き継ぎ二階派へ。

16年8月、自転車事故で幹事長の座を去った谷垣禎一氏の後を継ぎ、菅政権が終わる21年秋まで務め、幹事長在任期間は歴代最長の5年となった。政権に強い影響力を持ったという意味では、出戻り型の出世頭といえる。

首相の座が遠いのは出戻り型の限界か

二階氏は自民党に復党したが、トップ、つまり首相をめざさなかった。一方、同じ出戻り組で首相の座を求め続け、届かないでいるのが石破氏である。

石破氏は79年慶應義塾大学卒業。三井銀行に勤めていたが、建設事務次官や鳥取県知事、自治相を務めた父・二朗氏の死後、父親と親交の深かった田中角栄元首相に誘われ、田中派（木曜クラブ）事務局に入る。86年の衆院選に29歳で立候補した。

初出馬の際のインタビューが同年6月24日の朝日新聞鳥取版に載っている。

――あなたは、元自治相、故石破二朗氏の長男です。二世といわれることについて。

「能力、経験がある人でも現行の中選挙区制では選挙区内に名前を広めるだけでも大変。しかし、二世、三世は三ばん（地盤、看板、かばん）のうち看板があり比較的出やすい。石破のせがれということで人が受け入れてくれるメリットは多分にある。政治家の二世は、社長の息子が会社を継ぐのと変わらないと思う。でも、息子がのうのうとしていれば会社がつぶれるように、二世が当選できるかどうかは本人次第。役に立たなければ落選する」

「二世はよく父の遺志を継いで、というがこれは絶対に言うべきではない。父の遺志が何たるかを知っているのは父と一緒に苦労した県議や役人、県民です」

――木曜クラブに入ったのはなぜですか。

「父が田中派だったから」

――選挙では若者がよく動いている。あなた自身も若い。果たして県民に受け入れられるだろうか。

「鳥取では若者が前に出ると反発を買う。城下町だったからではないかと思うが、いい悪いというよりこうなんだから仕方がない。実際に歩いてみて70歳くらいより上の人、中堅層でも理解してくれる人はたくさんいる。反発があるのはこの間の層ですね」

理屈っぽさは初出馬の時から変わらない。石破氏は二階氏と同じように、93年6月、宮澤内閣不信任案に賛成票を投じたが、「政権を担えるのは自民党しかいない」「党そのものが悪いのではなく、首相や執行部に責任がある」として党に残った。半年後の12月、衆院選に小選挙区制を導入する政治改革関連法案を審議するため国会会期延長を求める細川政権に対し、野党だった自民党は反発し、本会議をボイコットした。この時、石破氏は「欠席」の方針に背き出席し、延長に賛成。その後、離党した。

二階氏の離党と半年間の違いはあれど、石破氏の離党の大義名分も小選挙区導入が背景にあった。石破氏は無所属を経て、94年4月、小沢氏や二階氏がいる新生党に入党。その後、新進党結党に参画したが、初の小選挙区制で行われた96年10月の衆院選を前に離党。衆院選での候補者インタビューでは「自民から新進、無所属にと、ふらふらしているように見えるが」と問われ、「自分の主義主張はこの10年間、一度も変えていない。周りがものすごく振れるので、まっすぐなことを言っている方が振れているように見えてしまう」と答えている。

この選挙では鳥取1区で自民党公認で出馬予定だった候補が比例区に回ったため、石破氏が無所属で勝ち抜けば、自民復党が想定されていた。石破氏は無所属で4選を果たし、97年4月、自民党に復党。その理由について「議員は政策の実現が一番の仕事だが、無所属のままでは一方的に主張を述べるばかりだ。公共事業などが必要な県のためには与党にいることが必要だし、私の主張を自民党内で訴えることができるならば、と考えている」と語った。

こうしてみると、石破氏の離党劇、復党劇は、大きな流れからワンテンポ遅い。93年の自民党離党も小沢氏や二階氏らに遅れること半年。自社さ連立政権で94年6月に与党に復帰した自民党は、新進党から引き抜き工作を続け、96年衆院選前には自民党への復党が相次いだが、石破氏の復党は衆院選から半年後。いかにも生真面目で筋を通す石破氏らしいが、政局の流れを見抜く洞察力に少し欠けているとも言える。政治家が権力闘争を勝ち抜くためには、良かれあしかれ、理屈ではなく、大きな流れを読んで立ち回ることが必要な時もあるだろう。

小泉政権下の02年、防衛庁長官として初入閣。党内随一の政策通として、テレビにたびたび出演し、知名度を高めていく。世論調査では「次の首相」に上位であり続けたが、首相にはなれていない。「面倒見の良さ」が政治家の美徳の一つとされる永田町にあって、石破氏の「面倒見の悪さ」はつとに有名で、それも首相に届かぬ理由の一つだろうが、森喜朗氏や麻生太郎氏ら重鎮が、自民党を離党した石破氏の経歴を嫌ったことも大きい。彼らには「苦しいときに、石破から後ろ足で砂をかけられた」との思いが残り続けている。出戻り組の限界があるのかもしれない。

強者を引き込む「二階方式」

流入型、出戻り型の政治家の遍歴を見ると、強者を引き抜く自民党の体質が表れている。その体質が、あからさまなルールの形になったのが第2次安倍政権下、二階俊博幹事長時代に行われた「無所属同士で戦わせて勝った方を直後に追加公認する」という、いわば「二階方式」だっただろう。

2016年10月、衆院福岡6区の補欠選挙は、鳩山邦夫元総務相の死去にともなうもので、自民党福岡県連が、県連会長の藏内勇夫県議の長男を推す一方、鳩山氏の次男で福岡県大川市長の二郎氏も譲らず、分裂選挙になった。二階幹事長の強い意向を受けて、党本部はいずれも公認せず、当選した方を追加公認する方針を示した。投開票日当日。二郎氏の当選確実の一報が流れ、支援者にあいさつする最中に二階氏から追加公認の連絡が入った。二郎氏はその後、二階派に入った。

衆院福岡6区補選に続き、翌17年衆院選でも、自民党内で公認争いが収まらない選挙区に二階方式が適用された。その対象は埼玉11区、山梨2区。14年の衆院選で自民党は、埼玉11区で細田派の今野智博氏を、山梨2区で岸田派の堀内詔子《のりこ》氏を公認したが、05年郵政選挙に絡んで自民を離党して無所属となっていた二階派特別会員の小泉龍司氏と長崎幸太郎氏にそれぞれ敗れ、比例復活となっていた。

17年衆院選を前に、二階幹事長は、小泉、長崎両氏を選挙区で公認するよう要求。二階氏が二人の公認にこだわったのは、いずれも前回衆院選で無所属ながら当選したという強さがあるからだ。党所属の今野、堀内両氏の公認を優先すべきだと「正論」を主張する細田、岸田両派と綱引きを続けた結果、二階氏の意向に沿って、小泉、長崎両氏を復党させた上で、4人全員を無所属で立候補させ、それぞれの選挙区で当選した方を自民党が追加公認することで決着した。まさに「強者こそが自民党」という論理そのものだった。

派閥は「強者の論理」の象徴

二階派は、二階氏が幹事長に就任した16年8月時点では36人だったが、幹事長を退任して迎えた21年秋の衆院解散時には47人まで拡張していた。選挙の公認に強い影響力を持つとともに、党の資金を管理できる幹事長としての求心力をいかんなく発揮し、自派を増やしたのだ。

二階氏にとっては、派閥の規模は、自らの政治力そのものとの感覚があるだろう。「政治の師」と仰ぐ田中角栄氏の「数は力」の発想である。数を集められる政治家こそが、自民党の国会議員の中でもチャンピオンというわけだ。二階氏からみれば、組織が代々引き継がれ、一定の規模を維持し続けている清和政策研究会（安倍派）や平成研究会（茂木派）、宏池会（岸田派）のトップは、会社にたとえればサラリーマン社長に過ぎず、政治家個人の才覚で小派閥を拡張させてきた自分とは決定的に違うとの思いもあるだろう。この感覚こそが、「小選挙区では同じ党からの立候補は1人」という原則を大きく曲げた二階方式の根底にあるものだ。そして、「強い者こそが自民党」「競い合いこそが全体を強くする」という、中選挙区時代以来の自民党が持つ思想の現れだろう。

融通無碍《ゆうずうむげ》に強者を取り込む吸引力、「いい加減さ」がゆえのおおらかさから生まれる魅力、「数こそ力」の論理……。派閥は、候補者を独自に擁立し、政治資金を自ら賄える戦闘力を持った中選挙区時代に比べて、その力は衰えたとはいえ、非公式な存在ながら、いまだに影響力はある。派閥のありようは「自民党とは何か」ということを体現している。

ただ、非公式な存在である派閥を、党が意図的に利用しようとすれば、その効力が発揮できないこともある。17年の東京都議選で二階幹事長は、都内に選挙区を持つ衆院議員が所属する派閥に対し、都議選の選挙区を機械的に振り分けた。例えば、千代田、港、新宿の各選挙区は、衆院東京1区を地盤とする山田美樹衆院議員が所属する細田派が担当するというわけだ。党関係者は「派閥にこだわり、派閥の活用に意義を見いだす二階氏らしいやり方だった」と振り返る。

とはいえ、やはり派閥は非公式な組織であり、党の公式文書に振り分けを記すことはできなかった。派閥の事務総長会議という「非公式会合」で党の選挙対策委員長が伝える形を取った。しかし、結果は都民ファーストの会の勢いに圧倒され、自民党は歴史的な大敗を喫した。党関係者は「派閥ごとに割り当てても、結局、街頭演説ぐらいしかやることがない。それでは、野党と同じ。自民党の選挙手法は政治家が、それぞれのつてをたどって支援を求めるのが主流だ。派閥の機械的な割り当てが、うまくいくはずはなかった」。21年都議選では、派閥の割り当てはうやむやになったという。

野中広務、綿貫民輔両氏の復党

16～17年、二階幹事長が旗を振って、かつて離党したり、除名されたりした元議員が相次いで自民党に復党した。

16年6月に復党したのは、野中広務氏。1945年に戦争で召集され、高知で終戦を迎えた。戦後、地元の京都府園部町（現・南丹市）に帰り、51年に町議に初当選。33歳で町長になった。府議を経て衆院選に初当選したのは83年。国会議員としては57歳という遅咲きだったが、権力のありかを見抜く政局観の鋭さを武器に、官房長官や幹事長といった権力の階段を駆け上がった。その後、郵政民営化を掲げた小泉純一郎首相と対立して2003年、政界を引退した。

引退後も全国土地改良事業団体連合会（全土連）の会長を務めるなどしていたが、11年、民主党政権が土地改良関連予算を大幅削減したことを受け、自民党を離党した。与党民主党の小沢一郎幹事長が全土連について「政治的態度が悪い。そんな所に予算をつけるわけにはいかない」と敵視したことが大きく、野中氏は離党に際して「国から補助金をもらっている団体の会長は政党色がない方がいい」と語った。

その野中氏の後任として全土連会長に就いたのが二階幹事長だった。二階氏は「参院選までに復党手続きを」として、幹事長の権限をフル活用し、野中氏の「復権」を主導した。次いで党に戻った大物は、幹事長や衆院議長を務めた綿貫民輔《たみすけ》氏だった。綿貫氏を復党させるため、自民党は、慣例を変更した。綿貫氏は郵政民営化法案の採決で造反し、05年9月の郵政選挙では国民新党を結成して出馬。明らかな反党行為であり、自民党は離党届を受理せず、綿貫氏は「除名」された。

極めてあいまいな審査基準

自民党の党紀委員会が行う処分には、党則の遵守の勧告▽戒告▽党の役職停止▽国会及び政府の役職の辞任勧告▽選挙における非公認▽党員資格の停止▽離党の勧告▽除名——とあり、除名が最も重い。それまで除名された国会議員で復党者はゼロだった。このため、党は綿貫氏の復党にあたり、「除名者の復党に関する審査基準」を新設。以下のように定めた。

1. 復党審査の対象者を、除名処分の効力が生じた日から原則として10年を経過した者とする。

2. 党紀委員会において下記事項について審査する。

①党活動に対する協力及び国家への貢献が顕著であること。

②当該都道府県支部連合会及び所属国会議員の相当数の賛同があること。

③刑事事犯により有罪となった者でないこと。

3．党紀委員の3分の2以上が出席し、かつ、その3分の2以上の多数で議決することにより、除名者を復党させることができることとする。

この文書のうち、除名から「10年」「3分の2以上」という表現以外は、「原則として」や、党への協力や国への貢献が「顕著」、国会議員の「相当数」などと、極めてあいまいだ。状況に応じて、いかようにも解釈できるようにしているのが自民党らしい。

綿貫氏の復党を説明する山東昭子党紀委員長は16年11月の会見で、「綿貫氏が国民新党を立ち上げる際も、新党の党員を作ろうとしなかった。要するに自民党に反する行為は避けた。自民党に迷惑をかけたくないという気持ちがあったんだろうと。地元では『本当に立派な方だった』ということがどんどんわき上がっている」と語った。

党富山県連関係者も「普通の議員なら自民党を離れるとき、『お前も辞めろ』と関係の深い地方議員や党員に求めるだろうが、綿貫さんはそれをしなかった」と証言する。綿貫氏は議員引退後は、富山と永田町を行き来し、自民党内の調整にも奔走し、党と綿貫氏との溝は、次第になくなってきたという。

与謝野馨氏の復党

17年4月30日には与謝野馨《かおる》元官房長官が自民党に復党した。与謝野氏は1938年、東京都生まれ。歌人の与謝野鉄幹・晶子は祖父母で、中曽根康弘元首相の秘書を経て、76年に衆院旧東京1区で初当選した。小泉政権で党政調会長、第1次安倍政権で官房長官、麻生政権で財務相を歴任した重鎮だったが、政権転落後の2010年3月発売の月刊誌への寄稿で、谷垣禎一総裁ら党執行部に「本気で政権を倒す気概が見えない」と刷新を要求。変わることができなければ「新党を含め新しい道を歩む決断をせざるを得ない」との考えを表明し、同年4月に党を離れた。

その後、平沼赳夫《たけお》元経済産業相らとともに新党「たちあがれ日本」を結党し、自民党を除名された。民主党の菅政権で経済財政相を務めたが、下咽頭《かいんとう》がんを患った影響で声が出にくくなり、療養に専念するために12年に政界を引退。その後、自民党に復党を求めていた。

自民の「いい加減さ」は、与謝野氏の復党にもよく表れている。先述した「除名者の復党に関する審査基準」によると、「復党審査の対象者を、除名処分の効力が生じた日から原則として10年を経過した者とする」としているにもかかわらず、与謝野氏が除名されたのは2010年4月。復党まで7年しか経過していない。山東党紀委員長は会見でこう説明した。「審査基準には10年という内規があるが、与謝野元衆院議員は7年経っている。国政選挙や地方選挙において自民党に何年も前から積極的に支援をしてくださった実績、そして、ご自身の政治家としての実績がある。また、我が党も（結党から）60周年を超えたところだ。ご本人からも強い要望があった。以前から、私どもや党、東京都連、それぞれの支部からも、ぜひ、復党させて欲しいという要望がございました」。10年という基準があるのに、なぜ7年で復党できるのか、山東氏は何も説明していない。結党60周年も何の関係もない。

「自民党はふるさと」

一方で山東氏はこうも語った。「ゴールデンウィーク明けから、本格化する東京都議選もございます。やはり、港区、千代田区、新宿区という激戦区もある。そうした地元の議員たちにも、復党は非常に大きなインパクトを与えることになる。ぜひ、お力を貸して頂きたい」。審査基準を厳格適用するよりも、港区など衆院1区を地盤とした与謝野氏に近い関係者からの選挙支援を優先させることを露骨に語っている。

与謝野氏本人に死期が迫っていたことも大きかった。復党の決定は、療養中で意識がない本人に直接伝えることはできず、党本部から秘書に連絡。同年5月21日、肺炎で死去した。

自民党関係者はこう語った。「自民党にいたことがある人にとっては、最後は戻りたい。自民党はふるさとなんだろう」。野中氏、綿貫氏、与謝野氏。自民党政権で、幹事長や衆院議長、数々の閣僚を務め、世間では十分な功績が認められている。それでも、強者が集う自民党で最後を迎えることこそが自らの強さの証明であり、政治家としての誇りの回復、という意味があるのだろうか。

自民公認で出馬する旧民主党議員たち

22年夏の参院選でも、かつて民主党議員だった複数の政治家が自民党公認を得た。野党議員だった政治家自らが自民党に接近し、自民党側も強者を求めるように吸い寄せていく。典型は、改選数1の宮城選挙区の桜井充氏である。世論調査で優勢な方を自民候補に決める手法は、まさに「強者をのみ込むブラックホール」である自民党の「らしさ」がつまっていた。

桜井氏は1998年参院選に民主党公認で出馬し、42歳で初当選。当時の宮城選挙区の改選数は2だった。続く04年、10年は自民、民主両党で分け合う形で当選を重ねた。転機は4選をめざした16年。定数是正を受けて改選数は1に減り、再選を狙う自民現職と民進党の桜井氏が現職同士でぶつかり合った。桜井氏は野党がバラバラでは勝ち目がないと判断し、全国に先駆けて同年の3月には野党共闘態勢を確立。共産党の演説会にも登壇した。選挙戦では「野党統一候補として、共闘で戦う」「相手陣営から（野合と）責められているが、組んで何が悪い」と強調し、「憲法9条の改正は絶対に反対だ」「アベノミクスの恩恵は宮城には来ない」「安倍政権を引きずり下ろすため、絶対に勝たなければいけない」と自民批判を繰り返した。自民現職との激戦を制して、桜井氏は4選を果たした。

当選後の桜井氏は、安倍首相を直撃した加計学園問題を追及してきたが、19年9月、国民民主党に離党届を提出。無所属のまま、立憲民主や国民民主でつくる参院の野党統一会派に所属していた。ところが20年5月には「新型コロナ対策一つとっても与党にいかないと仕事が出来ない」として参院の自民会派に入った。

選挙で勝てるかどうかが最優先

宮城で反発が広がるのも必然だった。16年参院選で桜井氏を野党統一候補として支えた市民団体からは「私たちの政策協定を裏切るもの。支援した県民への許しがたい行為で強い怒りを感じる」「ただちに辞職して、選挙をして欲しい」との批判が上がった。宮城自民も「敵」として戦った桜井氏をすんなり受け入れられるはずもなく、「共産と手を組んだ人と自民が組めるわけがない」(自民系県議)など非難が広がった。

自民党宮城県連は21年12月、翌年の参院選での地元県議の擁立を決定した。この方針を事前に伝えるために党本部に赴いた県連幹部に茂木敏充幹事長が言ったのは「白い猫でも黒い猫でも、ネズミを捕る猫がいい猫なんだ」。中国の鄧小平氏の言葉を使って、良い悪いよりも好き嫌いよりも、選挙で勝てるかどうかを最優先する考えを示した。「県連が擁立しようとしている県議で参院選に勝てるのか」という強い牽制だった。

さらに党本部側は、桜井氏と県議との間で、一般県民を相手にした世論調査で決着をつけることを提案した。調査で物を言うのは、知名度だ。県議は自らの選挙区以外では広がりを欠く一方、98年から全県での選挙を戦ってきた桜井氏が有利なのは明らかだった。予想通り、桜井氏が、県議を上回って自民公認を勝ち取った。

6年前に共産と組んだ政治家であろうと、次に勝てるとみれば、どんな理屈をつけてでものみ込んでいく。そんな融通無碍な自民党らしさが、桜井氏擁立に現れていた。

自民公認になった旧民主党議員には、桜井氏以外にも神奈川選挙区の浅尾慶一郎氏がいる。民主党政権で総務副大臣を務めた現職の藤末健三氏も、比例区での公認内定を得た。

「無党派層は宝の山」――小泉首相の執念

小泉純一郎氏は2001年の自民党総裁選で「自民党をぶっ壊す」と訴え、橋本龍太郎元首相らを圧倒して初当選した。その小泉氏がことあるごとに語ったのが「無党派層は宝の山」という言葉である。

例えば03年衆院選の投開票翌日の記者会見で、小泉氏と安倍晋三幹事長との二枚看板は無党派層から手応えは得られたかと記者から問われ、「かなり功を奏した。(都市部で自民党が弱い)1区現象を阻止できた。良い候補者を良い公約のもとに(立てれば)、弱いと言われていた都市でも十分戦える感触が得られた。無党派層は宝の山。無党派層の共感を得ることのできない候補者は当選できない状況になってきた。やはり一般の有権者に活動を評価されないと支持団体の動きも鈍い。自分は表面に出ないで、（支持団体の）幹部だけを回っているだけで当選できる人はごくわずかだ」と語った。

いかにも小泉氏らしい。01年総裁選で、田中眞紀子氏とともに遊説し、「小泉旋風」を巻き起こすことで得た無党派層の圧倒的な支持をテコに自民党内の支持を広げた。

真骨頂は05年の郵政選挙だろう。執念を燃やした郵政民営化に反対する自民党内の「抵抗勢力」と徹底的に戦うことで、無党派層の熱狂を得て圧勝した。選挙後は、「小泉チルドレン」と呼ばれた初当選の新人議員を相手にした研修会で「私はかねがね無党派層は宝の山と言っている」「自民党の部会に集まるのは自民党の1割もいない。そこばかり考えると、全体を見失っちゃう」と無党派層の重要性を強調した。

「よい例」として、福井1区で郵政民営化に反対した現職議員に対する「刺客」として初当選した稲田朋美氏を挙げ、「県議が1人しか応援しない。市議全員が応援しない。特定郵便局長の会、農協、医師会、遺族会も応援しない。旧来の支持団体が一切応援しないで当選してきた」と持ち上げた。

05年衆院選における小選挙区の投票率は67・51％。03年の59・86％を大きく上回ったことを考えれば、より多くの無党派層を投票所に向かわせたと言える。

企業団体回りの基本

しかし、そんな小泉流は党内では異端視されている。党本部で長く選挙対策に携わる党職員は「小泉さんの手法は、オーソドックスじゃない。基本的にはまず自民党支持層を固め、無党派層につなげる戦略を採ることが大事だ」と語る。経営者が自民党を支持する企業であっても社員は無党派であることも多い。自民党の関係者が支援のお願いに1度出向いただけでは、無党派の社員は「自民党が支持をお願いに来たんだ」と思うだけだが、間を置かずに2度目に訪問すると、「選挙が大変なんだな。応援してあげようか」となるという。これが企業団体回りの基本のようだ。

09年衆院選で、麻生太郎首相が率いる自民党は、民主党に大敗。この時の投票率は69・28%。小選挙区が導入された1996年以降行われた21年までの衆院選で、最も高い。小泉人気で自民党が動員した無党派層は、麻生自民党を見放し、民主党へ大きく流れたといえる。

12年に自民は政権復帰したが、比例区の得票数は1662万票で、下野した09年の1881万票を大きく下回った。投票率は当時としては戦後最低の59・32%。安倍晋三首相が

「アベノミクス解散」と銘打った14年衆院選はさらに減らし、52・66％。無党派層に訴えかけることで投票率を高めて、自民の支持を広げる小泉氏の「無党派層は宝の山だ」という戦略は、05年より後の衆院選において自民党では一度も実行されていない。党職員の言う「まず自らの党の支持層を固める」というオーソドックスな戦略に自民党は徹している。

安倍氏の「秘蔵っ子」、落選運動に苦しむ

自民党は常に強者をのみ込んでいこうとする貪欲《どんよく》なブラックホールであり、その結果、全国各地の強者の集まりになること、その総本山である永田町でも強者同士による熾烈な競争が行われていることを記してきた。しかし、強者の集合体だからこそ、目が向けられず、切り捨てられる層がある。そのことに疑問を抱く政治家もいる。

その一人が衆院福井1区選出の稲田朋美氏である。先述したように小泉元首相が褒《ほ》めあげた稲田氏の政治家人生を、まずは見ていきたい。政界に登場してきたのは2005年の郵政選挙。民営化に反対する現職への「刺客」として自民党公認で擁立された。その際の候補者紹介のインタビューが同年9月1日の朝日新聞福井版に掲載されている。

◆稲田朋美氏（46）＝自新　伝統守り祖国再建願う

――福井に対するイメージは。

「すごく懐かしい場所。自然の恵みを受けてお米を作ってそれで生活して、それに感謝する生活。私はそれが日本人の原点だと思う」

――落下傘候補と言われています。

「私の原点は福井にあると思っているので、落下傘というのは違っていると思う」

――弁護士を志した理由は。

「何らかの形で人の役に立ちたいと思っており、女性としても、弁護士がいろいろな人のお役に立てるのではないかと思って志した」

――印象に残る裁判はありますか。

「ここ5年は日本を再建させたいという気持ちで取り組んできた裁判もある。百人斬《ぎ》り訴訟（旧日本軍の将校2人が1937年に中国で百人斬り競争をしたとする当時の新聞報道などに対し、将校の遺族が損害賠償などを求めた訴訟の原告側の代理人を務めた）などが印象に残っている」

――今の国家観はいつ持ちましたか。

「結婚して家族ができて、自分の子供にいったい何を教えて、伝えていきたいかなと考えたとき。日本のよさ、伝統というものを伝えていきたいと思うようになった」

――政治家をめざすことについての周りの反応はどうですか。

「夫は、私が弁護士としてやってきたことをずっと支援してくれている。政治の世界に代わったとしても、私の目的である祖国を再建したいという気持ちをだれよりも分かっているので、全面的にバックアップすると言ってくれている」

――政治家を志望していたのですか。

「自分としては祖国再建とか、この国をよくしたいとか、伝統を守りたいとか、そういう気持ちをもって裁判をやってきたのは確かだが、裁判と政治は分けて考えてきた。裁判は個人の利益を守り、政治はもっと多くの人たちの権利や幸福を守れる仕事だと思う」

――郵政民営化をはじめ小泉改革についてどう考えますか。

「明治維新以来の日本人の手による大改革と思う。郵政民営化は私がここで立候補する意義でもあるのでその点をまず第一に訴えていきたい」

＊

今立町で生まれ、京都、大阪に住む。早稲田大卒業後、85年に弁護士登録し、大阪弁護士会に所属。90年に法律事務所を設立した。家族は弁護士の夫と中3の長男、中1の長女。

稲田氏は、安倍晋三幹事長代理からスカウトされた。産経新聞「正論」欄の執筆など保守系論壇で活躍する保守強硬派としての姿勢が、安倍氏の目にとまった。05年の初当選後は、当選1回の自民党衆院議員による「伝統と創造の会」の会長に就任。メンバーで靖国神社に参拝し、連合国がA級戦犯を裁いた東京裁判（極東国際軍事裁判）の不当性を訴えた。

第2次安倍政権が発足すると、衆院当選3回ながら、行政改革担当相に抜擢された。以降も、安倍氏の「秘蔵っ子」として、自民党政調会長や防衛大臣を歴任した。

しかし、その稲田氏は21年秋の衆院選で、「落選運動」に苦しんだ。

衆院議員の任期満了まで残り3カ月となった同年7月から、稲田氏を批判する記事を載せた、いずれも保守系の月刊誌である「Ｈａｎａｄａ」「Ｗｉ Ｌ Ｌ」「正論」が、選挙区の地方議員や地元経済人に断続的に送られてきた。消印は福井だったこともあれば、埼玉や京都だったこともあるという。送り主は正式には分からない。ただ、送られた月刊誌をみれば、保守派であることは明らかだった。選挙期間中も、批判のはがきが選挙区に届き、稲田氏の落選を訴える車が走り回ったという。動画配信サービスの「YouTube」でも保守派から「自民党を去れ」などとののしられた。

ある地方議員からは「今回の選挙では真剣に応援できない」と言われた。しかし、強気に言い返した。「この前の災害の時の道路の整備、誰がやった?」「じゃあ、道路の予算もいらんのね」。すでに衆院議員を5期務めた実績から反論できたが、若手ならば無理だったかもしれないという。

政治家である地方議員ならば、言い返すことはできるが、相手が有権者ならば、そうはいかない。事務所に来なくなった熱心な支持者もいた。「稲田氏に投票せず、白紙で投票する運動をしている。いま、白紙で投票してきた」という電話が事務所にかかってきたこともある。そんな状況に稲田氏の周囲には「絶対に票を減らす」と不安が広がった。稲田氏本人も「めちゃくちゃきつかった。落選運動の渦中では『勝てないかも』と思った」。

しかし、結果は野党統一の立憲民主党の公認候補に大差をつけて6選。獲得した13万6171の票は、前回17年を2万票近く上回った。

「野党に予算はつけられますか」

執拗《しつよう》な落選運動が行われたのは、「保守派のスター」である安倍氏が可愛がってきたはずの稲田氏が、保守系からみれば「変節」したからだ。

ＬＧＢＴ（性的少数者）理解増進法案、民法の夫婦同氏を守りながら届け出によって旧姓を法的に使える「婚前氏続称制度」、未婚のひとり親への支援……。稲田氏が訴える数々の政策に対し、党内外の保守派から「未婚の出産や事実婚を助長する」「伝統的な家族観を壊す」との批判が相次ぎ、地元・福井の自民系の地方議員や支持者からも、同じような非難を浴びた。

そもそも、稲田氏はなぜ、こうした政策に注力するようになったのか。「弱者」に目を向けるようになったきっかけは、南スーダンＰＫＯ日報隠蔽《いんぺい》問題を受けた17年の防衛相辞任という。稲田氏は「とても傷ついた。弱い人たちを見捨てられない、と思うようになった」。防衛相辞任の経緯をみれば、自業自得と言われても仕方あるまい。東京都議選の応援演説で「防衛省、自衛隊、防衛大臣、自民党としてもお願いしたい」と発言し、自衛隊の政治的中立性が問われる事態に発展し、日報問題では「廃棄した」とされた後に見つかった。大臣としての資質が疑問視され、引責辞任に追い込まれた。

重要閣僚を志半ばで辞したとは言え、国会議員の地位のままであり、世間からみれば稲田氏はとうてい「弱者」とは言えない。しかし、「強者」が集まる自民党の中で、一貫して日の当たる場所を歩んできた「強者の中での強者」だった政治家・稲田朋美としては、首相のイスまで一気に駆け抜けるための階段を踏み外す大失敗だったのだろう。挫折感に満ちた自らの内心を、弱い立場の人に投影したということなのかもしれない。

先ほど列挙した政策のうち、未婚のひとり親への支援は党内外の保守派の批判をはねのけ、税制改正にこぎ着けた。「ひとり親への支援を拡充することによって、むしろ離婚が増える」という批判は絶えないが、稲田氏は「現状を見れば、全く間違っている。日本のひとり親世帯は、世界的に見たら、とても貧困だ」と強調する。

弱者の立場に立って政策を訴えることを野党の専売特許にさせてはならないと考えている。「野党では解決できない問題が多い。野党に予算はつけられますか。野党に事業は作れますか。作れない。野党にいくら求めても、政策は実現しないが、与党の女性議員が動けば、未婚のひとり親の税制優遇も実現した。与党が動かないと解決できないのに、野党ばかりに任せているのは無責任だ。実現できない野党のところに陳情に行かせるなんて、かわいそうやんか」。そもそも自民党が、弱い立場の人の話に耳を貸さないから、野党側に陳情に行かざるを得なくなっていると考えているという。

男性の市区町村長が共感しない事業

自民党幹事長代行だった稲田氏は20年8月、党の「こども宅食推進議員連盟」の会長に就いた。ひとり親家庭などに食品を届ける支援策を後押しするためだ。発足時に稲田氏は「コロナ禍で経済的に困窮している方々、特にひとり親に大きなしわ寄せが来ている」と語った。

国は関連事業に予算をつけたが、実施主体は市区町村。宅食事業はなかなか広がらない。稲田氏は言う。「自治体のトップは男性が多い。男性はこうした事業に共感を持ってくれない。せっかくいい事業なのに、やってくれない」。男性の市区町村長が動かないならば、女性議員が地方議会で訴えればいいのだが、そもそも女性の地方議員は少数派で、とりわけ自民系の女性議員は少ない。

稲田氏は「町内会や自治会の会長も男性ばかり。ひとり親家庭とか、シングルマザーとか、子どもの貧困とか、そういう問題に目が向かない人が多い」。選挙区に広がる自身の地域ごとの後援会の会長も女性は2人ほど。「全国の都道府県連の幹部に、必ず1人は女性の国会議員を入れるようにすれば、女性の立場は強くなる」と思っている。

自民党は、町内会・自治会や地方議員、国会議員、経済界といった主流派によって支えられ、安定した長期政権を築いてきた。しかし、主流派から取り残される人たちこそ、政治の力を必要としている。政権を担う「国民政党」ならば弱者に目を向ける責務もあるはずだが、うまく機能していないのが現状である。

大阪は地域限定の二大政党制

いつでも政権を担いうる二つの政党、もしくは二つの政党ブロックが存在し、片方の側が政権運営で失敗を重ねれば、次の選挙でもう片方の側が政権につく——小選挙区の前提には、そんな政権交代のサイクルがあるはずだった。そのサイクルが実現すれば、政権にある側には「いつ滑り落ちるか分からない」という緊張感が生まれ、より良い政治が行われるという理屈だったが、全国を見渡せば「自民1強」状態で、理想とした「政権交代可能な二大政党制」とはほど遠い状況である。

しかし、大阪は二大政党が競い合う状況である。大阪限定のこの現象の発端は、大阪府知事だった橋下徹氏が掲げた「都構想」をめぐる大阪自民の分裂だった。2010年秋、橋下知事が代表を務める地域政党「大阪維新の会」に参加するため、自民党大阪府連所属の府議や大阪市議ら45人が離党。その数は、自民党所属の府議や大阪・堺両市議のおよそ半数を占めた。大阪維新の会の幹事長は、自民を離党した松井一郎府議だった。後の大阪府知事、大阪市長である。維新は11年府議選（定数109）のうち過半数の57議席を獲得し、自民の13人を大きく上回った。大阪市議選（定数86）では維新は33人。過半数には届かなかったが、17人だった自民のほぼ倍の議席を得て「市議会第一党」となった。後に日本維新の会の共同代表を務めることになる馬場伸幸氏は、この時の堺市議選で、自民市議から維新に転じて6選し、市議会議長に就いた。

大阪に維新、自民の二大政党が生じた経緯は、93年の自民分裂の結果、自民党と新進党の二大政党が生まれた状況に似ている。このことを考えれば、やはり自民党分裂でしか、二大政党にはたどり着けないのだろうか、とも思えてしまう。

現代自民vs.伝統自民2015年大阪ダブル選

自民党と維新との関係を考える上で、興味深かったのは、大阪府知事と大阪市長の2015年のダブル選である。

大阪で「与党」の維新に、自民が挑戦した構図だが、「現代自民」と「伝統自民」の戦いだったように見えた。この年のダブル選は、松井知事と橋下市長の任期満了に伴う選挙で、維新は知事選で松井氏、市長選では政界引退を表明した橋下氏の後継として維新の党衆院議員の吉村洋文氏を擁立した。松井、吉村両氏は、同年5月の住民投票で廃案になった「大阪都構想」への再挑戦を掲げた。

一方、知事選、市長選でいずれも新顔を立てた自民側が「都構想」に対抗して掲げたのは、「近畿メガリージョン構想」だった。大阪から北陸などを新幹線でつなぎ、近畿を首都圏に匹敵する都市圏に発展させるという構想だ。同年11月22日投開票のダブル選を前に、竹本直一自民党大阪府連会長は、所属する自民党岸田派の会合でこう呼びかけた。

「大阪は東京に次ぐ第2の都市とは言うが、人口1人当たりの所得は全国で14位まで下がっている。滋賀県よりもはるかに下、おそらく富山県より下がっている。橋下徹さんが知事になったのが8年前。この時は、まだ5位。何でこんなに下がったのか。『都構想』という一つの考え方に対して、ボクシングばかりやっているから、やるべき経済対策に手が打てていなかった」

「自民党の候補は、大阪の経済の浮揚を目指して『近畿メガリージョン』という近畿の交通ネットワークを完成させて、東京と並ぶ高速鉄道網の整備を図ることを念頭に置きながら、関西の復権を図る経済対策中心に訴えていく」

「関西に元気がなければ東京一極集中はますます進む。是正する意味でも、リニアを早く大阪まで持って行くことも含め、『国土構造の均衡ある発展』を図るために、どうしても必要だ」

「国土」「均衡ある発展」。こうした言葉を聞き、ある年代以上の国民が頭に思い浮かべるのは田中角栄元首相だろう。田中氏は、全国に高速鉄道や高速道路を張りめぐらせることで、「国土の均衡ある発展」を訴えたからだ。ダブル選に出馬した自民候補を全面的に応援した自民党幹部が、二階俊博総務会長だったことも、田中氏を思い起こさせる。田中氏を師事する二階氏は、移動中の車中で田中氏の演説を聴いていると、番記者に明かしたことがあるほどだ。

一方、安倍晋三首相や菅義偉官房長官は維新との関係が良好だった。クリスマスのころには毎年のように、安倍、菅、橋下、松井の4氏で会食する仲で、安倍、菅両氏はダブル選で「中立」を貫いた。心情的には維新を応援していたのだろう。

そこで「伝統自民」と「現代自民」の読み解きである。公共事業によって地域を発展させる角栄モデルを受け継ぐような「近畿メガリージョン構想」を掲げた大阪自民党は「伝統自民」であり、改革志向が強く、憲法改正にも積極的、そして国土の均衡ある発展よりは都市住民に向けた政策を好む維新は、安倍、菅両氏に通じる「現代自民」ではないか、ということである。

維新議員がこなす「どぶ板」と空中戦

先に記した通り、松井氏ら維新の結党メンバーは、自民党を離党した地方議員であり、橋下氏も知事選に初めて出馬する際は自民党が擁立した。自民党本部で知事選を取り仕切ったのは、古賀誠選挙対策委員長であり、菅義偉選対副委員長だった。

維新の出自は、自民党にある。だからこそ、大阪で与党の立場にある維新の議員たちは、自民党の地方議員と同じように、御用聞きのような徹底的な「どぶ板」をこなし、地盤を固めている。知事も市長も押さえることで、与党議員として行政へのパイプも強調できる。維新の地方議員が増えるのは、大阪での与党構造のあり方として必然である。

一方、維新が大阪以外で支持を集めるためにやっていることは、どぶ板ではなく、空中戦である。政権党である自民党、そして野党第1党の立憲民主党をＳＮＳやテレビで批判し、「自民も嫌だが、立憲も嫌」という層を取り込もうとする。新規参入の地域には、地方議員もおらず、足場がない。もちろん行政側へのパイプもない。空中戦を仕掛けるしかない事情もあるのだろうが、敵と味方を峻別し、相手を殲滅《せんめつ》させようとする政治手法は、安倍氏にそっくりである。そういう意味でも、維新は「現代自民」と言えるのではないか。

横浜市議が覚悟した自民離党

「菅さんから何も言われなかったが、ニュースを見て、安倍さんが負けたら、『もう自民党を離党するしかない』『横浜から自民党はなくなるんだなあ』と、あの時は覚悟したよ」

そう振り返るのは、自民党所属のベテラン横浜市議である。「あの時」とは２０１２年秋の自民党総裁選のことだ。

維新幹部の松井一郎大阪府知事は12年2月の教育シンポジウムで、野党自民党で無役だった安倍晋三氏と対談。これを機に、安倍氏と、そして同じく無役だった菅義偉氏との親交を深めていった。松井氏は安倍氏に自民を離党してもらい、安倍氏を党首とした「ドリームチーム」で衆院選を戦う構想だったが、安倍氏は「総裁経験者が離党することはない」と断った。ただ、安倍氏も連携には意欲を示し、同年8月には朝日新聞の取材に「維新は日本を大きく変えるパワーがある。政策でも一致点を探した方が早い。松井知事とは様々な場面で意見交換をしている」と語っていた。自民を脅かしかねない維新との良好な関係をテコに自民党内の待望論を高めた安倍氏は同9月の総裁選に出馬し、自民党のトップに返り咲いた。

松井氏に語った通り、安倍氏は、たとえ総裁選に敗れていたとしても離党はしなかっただろう。しかし、先述の横浜市議は言う。「菅さんは総裁選で安倍さんが負ければ、自民を離党し、維新入りしていたはずだ。自民党の横浜市議は菅さんに付き従って、維新入りしたと思う」。横浜自民党が消失したかどうかはともかく、少なくとも菅氏に同調して離党する市議がいて、分裂を強いられたことは間違いなかっただろう。

第5章　連立を組む公明党の戦略

「国民政党」とは何か

ここからはしばらく、1999年から、民主党政権の3年3カ月を除き、自民党と連立政権を組んできた公明党について見ていく。ただ、その前に、もう少し自民党のあり方を考えていきたい。連立政権における公明党の存在意義を深く考察していくためである。

自民党は1955年の結党時に立党宣言や綱領などとともに、「党の性格」という基本文書をまとめている。平和主義政党、真の民主主義政党、議会主義政党など六つを列挙したが、その一番目は「国民政党」だ。そこには、こう記されている。

一、わが党は、国民政党である
わが党は、特定の階級、階層のみの利益を代表し、国内分裂を招く階級政党ではなく、信義と同胞愛に立って、国民全般の利益と幸福のために奉仕し、国民大衆とともに民族の繁栄をもたらそうとする政党である。

右派と左派に分かれていた二つの社会党の合流により、日本に社会党政権が生まれることを危惧して、自由党と日本民主党による保守合同で自民党は生まれた。社会党のように「特定の階級、階層」を代表するのでなく、国民全体を代表する政党としてのアイデンティティーを記したものだったのだろう。

岸田文雄首相は「国民政党」という言葉を好んで使う。

現職首相として再選をめざしていた菅義偉氏に対抗して、自民党総裁選への立候補を表明した2021年8月26日の会見。岸田氏は冒頭からこう言った。

「昨年来のコロナとの戦いに、菅総理の強いリーダーシップの下、全身全霊を傾けて、努力を続けてきました（中略）。しかし、結果として、今、国民の間には『政治が自分たちの声、現場の声に応えてくれない。政治に自分たちの悩み、苦しみが届いていない。政治が信頼できない。政治に期待しても仕方がない』、こうした切実な声が満ちあふれています。『国民政党』であったはずの自民党に声が届いていないと、国民が感じている。信なくば立たず。政治の根幹である国民の信頼が崩れている。我が国の民主主義が危機に瀕している。私は、自民党が国民の声を聞き、そして幅広い選択肢を示すことができる政党であることを示し、もって我が国の民主主義を守るために、自民党総裁選挙に立候補いたします」

菅首相への直接批判は避けつつも、「『国民政党』であったはずの自民党に声が届いていないと、国民が感じている」と語ったのは、菅氏は国民政党を標榜する党のリーダーにふさわしくない、という痛烈な批判だった。

「自民党が多様性、そして包容力を持つ国民政党であり続けられるように、党の役員に中堅若手を大胆に登用し、そして自民党を若返らせます」とも強調した。岸田氏にとって、国民政党とは「多様性と包容力を持つ政党」という意味を持つというわけだ。

敵と味方を峻別した安倍・菅政権

岸田氏は国民政党という言葉を、菅氏の政治への批判として使ったが、「多様性と包容力」というキーワードに着目すれば、安倍氏の政権運営に対する疑義であったとも言える。第2次安倍政権は、「安倍1強」と呼ばれ、安倍首相に近い側近が力を持ち、安倍首相の意向に沿った考え方が党内の主流になった。主流という以上に、党内での唯一の「正論」だったかもしれない。党内から多様性は失われていった。また、安倍氏は敵と味方を明確に峻別し、政権に批判的な野党やメディアは言わずもがな、党内でも石破茂氏のような政敵を壊滅させようと動いた。包容力に乏しい政治であり、側近議員でさえも「敵を生かすことによって自分を高めるという発想がなかった」と顔をしかめた。

２０１７年７月の東京都議選での街頭演説で、自らを批判する聴衆に対して「こんな人たちに負けるわけにはいかない」と言い放った姿は、政治家のみならず有権者をも分断し、国民を包摂するべき政治リーダーとしての役割を放棄したようでもあった。

菅氏も敵と味方を峻別した。官房長官時代の記者会見では、批判的な質問を重ねる東京新聞記者から会見の意義を問われると、「あなたに答える必要はありません」とにべもなく答弁を拒否。沖縄の辺野古《へのこ》基地問題では、地元が移設拒否の意思を選挙で繰り返し示しても、工事を強行し続けた。首相主導のトップダウンの手法にこだわり、「仕事をやっていれば、そのうち国民は分かってくれる」とばかりに、丁寧な説明に努めず、国民との意識の乖離が広がった。「国民政党」を名乗る党のトップとは、到底言えなかった。

公明あっての「国民与党」

第2次安倍政権が発足し、自民党内に国家を優先する考えが急速に広まった。一つには、安倍首相の考えが背景にあっただろう。安倍自民党は、国政選挙の際には、安全保障など国家の権限を強める政策については声を潜め、経済政策アベノミクスを金看板として戦った。選挙では有権者に受けのいい経済政策を掲げる一方、首相として本来行いたいが評判の悪い政策は、国政選挙が終わり、次の選挙まで一定の期間がある「選間期」で進めたのだ。

朝日新聞取材班『この国を揺るがす男』は、アベノミクスの「三本の矢」が生まれた直接のきっかけは中国の台頭にあったとしている。同書は、日本経済がデフレに陥らずに1991年から名目4%の成長を続けていれば、2010年段階の経済規模はその年の2倍に達し、日本のGDPは中国に追い抜かれていなかった、とする学者の資料に、野党時代の安倍氏が、強い関心を示したことを紹介。その上で、同書は「『強い日本』を取り戻すには、まず『強い経済』――。安倍にとって、経済政策は『日本の誇り』を取り戻すための手段となっていた」と書いた。つまり、安倍首相の政治の「目的」は、あくまで中国に対抗するための国家の強化であり、アベノミクスによる経済の再興は、特定秘密保護法や集団的自衛権の一部行使などと同じく、国を強くする「手段」に過ぎないということだろう。経済成長のために安倍氏が旗を振った賃上げも、国民の生活向上というより、国家のため、という意味が強かったのだ。

政治観の違いは明確

一方の公明党。山口那津男《なつお》代表は第2次安倍政権下の14年に党が出版した『大衆とともに――公明党50年の歩み』の中で、こう記している。

「冷戦後世界が得た真意は、『国家』とか『イデオロギー』のための個人や人間ではない。人間自身の幸福な生存こそが目的価値なのだ。『国家』『イデオロギー』『資本』、いかなる主義・主張も、機構も制度も、全ては人間に奉仕すべき存在だということではなかったか。それが『戦争』と『革命』の世紀といわれた20世紀の総括であり、21世紀への申し送り事項であったはずだ」

安倍氏と山口氏の政治観の違いはあまりに明確であろう。二人の違いを鑑みるに、こんなことが言えるのではないか。自民党は第2次安倍政権以降、国民よりも国家を優先する「国家政党」への傾斜を強め、もはや「国民政党」とは言い難い。他方、国民生活を重視する公明党と連立を組むことによって、与党全体として「国民政党」、いや「国民与党」

を維持しているのではないか——。

17年衆院選に立候補せず、衆院議員を退いた公明党の漆原良夫元国会対策委員長は、『自公政権とは何か』で、中北浩爾《こうじ》一橋大学大学院教授のインタビューに対し、次のように語っている。「自民党は『統治者の党』であるのに対して、公明党は『庶民の党』。自民党は防衛やマクロ経済に強く、公明党は平和や福祉を大切にする」。

安倍自民党を念頭にしたものではなく、一般的な自民・公明関係についての発言だろう。漆原氏はその上で、塩崎恭久元厚生労働相が「ある会社が薬を開発したら、自民党はどうすれば全国津々浦々に売りさばくことができるかを考えるけれども、公明党は副作用が起きないかを心配する。ベクトルが違う両党が連立している結果、ウィングが広がり、政治が安定している」と語ったことを紹介し、「その通りだと思う」としている。

自民、公明が足らざる部分を補い合うことで国民全体をカバーしている、という意味合いだろうか。逆に言えば、自民党だけでは、国民全体はカバーできないということだろう。

田中角栄と公明党

自民党の「国民政党」たる色彩は、何も安倍政権下で突然、薄まり始めたわけではない。

2001年の小泉純一郎首相の登場で、田中角栄元首相に源流を持つ派閥が力を失ったことが大きい。

自民党が公明党と連立を組んだのは、田中派に由来する平成研究会を率いる小渕恵三氏が首相だった1999年。自由党との連立だけでは参院で過半数割れしており、政権の安定性を求めて、公明との連立に踏み切った。

その後、小渕氏の急死や森喜朗政権を経て、小泉政権が誕生した。小泉首相のキャッチフレーズは「自民党をぶっ壊す」。自民党そのものでなく、自民党を牛耳ってきた田中派に連なる橋本派（平成研）を潰すという意味だったことは明らかだ。小泉氏は道路公団民営化や郵政民営化などを通じて、平成研が牙城としてきた業界団体に徹底的にメスを入れた結果、平成研は弱体化した。

自民党内で力を失った平成研の代わりを務めたのが公明だった。なぜか。読み解くためのカギは田中角栄氏だ。ある公明党の地方幹部に、こんな疑問をぶつけたことがある。「公明党の政治と田中角栄の政治は似ているのではないか」。この幹部はこう答えた。「『草の根』を大事にする方法論が根付いている公明党は、田中派と似ている。政治的な支持を得る方法論として、常に『現実的であれ』という意味でも同じ。公明党は現場から離れたら終わりだからね」。

なぜ、この疑問をぶつけたのか。月刊誌「新潮45」2010年7月号の特別付録だったCD「永久保存版　田中角栄　最後の大演説」を聞いていたからである。収録されている、いくつかの演説のうち、1984年9月に行ったとされる田中派での記念講演で、田中氏は公明党に触れている。当時は中曽根政権。田中氏は83年にロッキード事件で東京地裁で懲役4年の実刑判決を受け、控訴中。脳梗塞で倒れる前年の演説である。

以下、主要な部分を引用する。

「中間政党という諸君が増えている。それはなんだ。率直に言って、公明党である。真水と塩水の間で住んでる魚、というのがあるんだから、それが公明党だ。自民党の若い諸君、議員たちは公明党のことが嫌いだ。なぜか。それは公明党と選挙区で争うのがイヤだから。共産党は、これは民族の敵だ。一言でやれるんだから。日本人は（共産党が）嫌いなんだ。ただ、選挙戦術上ね、共産党と対決をしないだけだ。社会党はたいしたことない。協力を求めれば自民党にも投票するしね」

「公明党というのはね、これはよくわからん、怖いんです。公明党は婦人層がいるからね。宗教っていうのは、そういうもんだ。中間政党は共産党のようなことを言っているんだが、実体はどうか。自民党ですよ。イヤなんですよ。選挙でね、自民党が一番イヤな、できないところにも行ってやる。夜も昼もなく、どぶの中でも何でも行ってやるからね、自民党の立候補者は困るんですよね。自分の出来ないことをやるのは脅威である。それは困る。それが憎悪になる、というに過ぎない。しかし、それは実体からいうとね、公明党は自民党と同じ政党だ、と思って間違いない」

「公明党は、いつか、国家危急存亡の時は、自民党と一緒になる。こういう性質の政党だ」

安全保障は米国に任せて、戦争からの復興のために経済政策を優先させる「軽武装・経済優先」という戦後日本の基本路線を敷いたのが吉田茂元首相ならば、田中氏は「地元への利益誘導」という戦後の政治家、とりわけ自民党国会議員の「原型」と言っても過言ではないだろう。

地方の農村部は、都市部と比べて、生活条件が良いとは言えず、放っておけば戦後の経済成長から取り残されかねなかった。地方の成長を下支えするため「国土の均衡ある発展」のスローガンの下、政治の力によって国全体の富を地方に分配しなければならなかった。田中氏自身は故郷・新潟への利益誘導に力を注ぎ、その田中氏をモデルに、それぞれの政治家が地元への利益誘導に尽力した。永田町では田中氏の力に吸い寄せられるように各議員は田中氏に頼り、それによって田中氏の力は高まっていった。

「政治は理屈じゃなくて、情だからね」

一方、自民党国会議員は地元に戻れば「ミニ角栄」として振る舞い、その傘下にある県議、市町村議らも、それをさらに小さくした「ミニミニ角栄」となり、全国に「田中角栄」的な価値を体現する政治家が増殖した。地方に行けば行くほど「地元に利益を誘導してこそ政治である」との感覚が広がっていったのだろう。

そこで田中氏と創価学会との関係である。創価学会に詳しい宗教学者の島田裕巳氏は著書『親が創価学会』でこう分析している。「創価学会の会員は、もともとは農村部の出身である。会員のなかには、農家の次男以下が多く含まれていた。彼らは、地方にとどまっても、田畑を相続することができず、都市に仕事を求めたのだった。つまり、農村部にとどまった人間たちが田中派の支持者となり、都市に出ていった人間たちが創価学会の会員になったわけである。背景を同じくしている以上、政治に対するとらえ方は共通していた」。田中氏は自民、公明が連立する、はるか以前から、両党の共通性を見抜いていたのだろう。

公明党の漆原氏は、先述した中北氏の著書『自公政権とは何か』の中のインタビューで「政策からみれば、公明党は民主党と近い。だけれども、体質は自民党と似ている。政治は理屈じゃなくて、情だからね」と語っている。

1990年代からの創価学会の変化

公明党の支持母体は宗教団体の創価学会である。創価学会と公明党は形式上は別組織だが、基本は一体としてとらえても差し支えないだろう。国会議員も地方議員も公には認めないが、オフレコでは、自戒の念や皮肉を込めてそう語っている。そこで創価学会・公明党を一体と考え、地域との関係を見ていく。

戦後から数年して関西に生まれた男性は、幼稚園の時に創価学会に入った。親が会員だったからだ。子供の頃から親に言われたのは「神社の鳥居を絶対にくぐるな」。地域や子どもの守り神である「お地蔵さん」のために、毎年晩夏に行われる「地蔵盆」にも参加しなかった。

創価学会は、他の宗教に対する排他性が強かったからだ。鳥居をくぐることはおろか、鳥居を見ることすら拒否する者もいたという。都市社会学や地域社会学が専門の玉野和志東京都立大学教授の『創価学会の研究』では、「他の宗派のお寺がテレビに映っただけでチャンネルを替えさせられたり、他宗のお寺の敷地に足を踏み入れただけで靴を洗わなければならなかった」という事例が紹介されている。神社と関係の深い町内会の祭りにも参加できず、創価学会員は、地域に溶け込めず、孤独を抱える存在だったようだ。

先の男性によると、こうした排他性が薄れてきたのは1990年代からという。「93年の細川政権成立で、政権に参画するようになったり、地方議会でも自民党と公明党が連携を深めたりしたことが大きいのではないか」と振り返る。それでも、衆院選が初めて小選挙区制で行われた96年衆院選では、東京の選挙区から新進党公認で立候補した元公明党の候補が、地元で神輿《みこし》を担いだことを問題視する向きもあり、学会員同士で論争になったことを覚えている。しかし、子供の頃には行けなかった地蔵盆には、今では当たり前のように参加している。

玉野氏の『創価学会の研究』によれば、90年代に会員の問い合わせに、学会側が答える形で、問題は宗教的な行為であるかどうかであって、地域の親交的・社会的行為として祭りなどに参加・見物することはいっこうに構わないとの考えが示されたという。町内会役員として神社の儀式に参列したり、会社の研修などで神社を訪れたりすることを拒むことで波風を立てる必要はない、ということのようである。

関東在住の60代の学会員は言う。「神社は、普通の地域の人にとっては、信仰対象ではなく文化財でしょう。歴史的建造物と言ってもいい。そこにお参りに行くのは、ギリシャ旅行に行ってパルテノン神殿を観光してくることと変わらない」。

自公連立でさらに下がったハードル

細川政権や地方議会での「自公連立」などを受けて、創価学会は、町内会をはじめとした地域に溶け込むようになった。それを、より加速させたのが、1999年の自民党政権への参画だ。いくら地方議会で協力関係にあったとしても、県議選や市議選では自公同士はライバルだ。それぞれの支持者は、それぞれが推す自民、公明の候補を支援するが、国政レベルで連立するからには、衆院選が、一つの選挙区から1人を選ぶ小選挙区である以上、自公が互いに候補を擁立することはできない。与党の「統一候補」を立てて臨むことになり、自民、公明それぞれの支持者の関係は選挙協力を通じて自然と深まっていくことになる。21年衆院選では、289ある小選挙区のうち、公明党は9選挙区で候補を立てたほかは、残りを自民側に譲った。そして、自民候補の選挙区では創価学会・公明が、公明候補の選挙区では地元の自民側が、それぞれを支援した。

連立当初の選挙協力は必ずしもしっくりいかなかったようだ。連立後初となる00年6月の衆院選では、自民党の森喜朗首相の不人気もあって、自民は選挙前勢力271から233に、公明も42から31に減らした。連立2度目だった03年衆院選は自民は247から237に10議席減った一方、公明党は31から34と3議席伸ばした。

03年衆院選までは、かつての選挙協力の名残があった。連立政権に参画する前の公明党は、民間労組の支援を受ける旧民社党と選挙協力を行っていた時期があり、03年でも、創価学会が旧民社出身の民主党候補を支援し、その民主党候補が「比例は公明」と訴える「バーター」を行っていた事例もあった。中には旧民社系の民主党候補が地元の創価学会から支援をもらうために、自身が支援を受ける民間労組に頼み込み、別の県の小選挙区で立つ公明候補の支援を依頼する「遠隔協力」もあったようだ。しかし、小泉純一郎首相の郵政解散による05年衆院選で、自公関係は密接になり、バーターも遠隔協力もなくなっていったと言われている。

創価学会・公明側が「小選挙区は自民候補に」と訴え、自民側が「比例は公明に」と求めることができるのは、自公それぞれに固定票を持っていることが前提となる。組織の意思で動かすことができる一定の堅い票がなければ、選挙協力は成立しない。固定票とは、自民側の後援会や業界団体であり、公明側の創価学会票である。

連立政権が始まった当初、自民側には、自民候補同士も争った93年衆院選までの中選挙区下で戦った経験のある議員も多く、ほとんどが強固な後援会組織を持っていた。それがほころび始めたのは05年の郵政選挙だった。「自民党をぶっ壊す」と叫んだ小泉首相が、郵政造反組に対して刺客として立てた「小泉チルドレン」が大量に当選。後援会を持たず、風だけで議席を得た新人議員が大量に生まれた。05年郵政選挙で自公間の協力が強まった半面、バーターの前提となる自民側の固定票の力が落ちていったのは皮肉な結果と言える。

09年の自公政権の下野を経た12年の政権復帰で、自民側の固定票はさらに弱体化。「安倍チルドレン」と言われた12年初当選組は、まともな後援会を持たなくなった。バーターのうまみが減った創価学会・公明党側は、一方的な支援に不満を募らせるようになる。甲信越地区の公明党関係者は、14年衆院選で再選したばかりの自民党議員にこう苦言を呈した。「もっとしっかり後援会をつくってくれ。そうじゃないと『協力』にならないだろ」。

自民党票に直接手を伸ばす公明党

小選挙区では10程度でしか候補を立てない公明党にとって、死活問題となるのは、比例票である。2005年の郵政選挙では過去最多の899万票を獲得したが、16年参院選757万票、17年衆院選698万票、そして19年参院選では654万票まで落ち込んだ。800万票を目標に戦った21年衆院選でやや盛りかえし、711万票としたものの、「基礎体力」は落ちつつある。

背景の一つには、先述したように自民党議員の後援会組織が弱体化し、バーターが難しくなったことがある。また、野党が弱体化しているため、小選挙区の自民候補が創価学会・公明党からの支援を受けるため必死に「比例は公明へ」と訴えないことも大きいだろう。もちろん、創価学会の会員の高齢化で活動量が落ちていることも理由の一つだ。

こうした状況に、公明党も手をこまねいているわけではない。17年11月の井上義久幹事長の言葉が分かりやすい。全国各地の党の代表者を集めた同年の衆院選の総括会議で、今後の運動や活動の方針として「保守対策」を強調した。党関係者によると、具体的には、こう述べたという。

「今回の衆院選では、自民党の公明党に対する協力の度合いは、これまでの選挙に比べて格段に良かった。そういう意味では選挙協力の環境は非常に良い。それを具体的に票につなげられるかが、大きな課題だ。分析してみると、大きく票を伸ばした地域では、自民党系の団体や、自民党支持の有力者、後援会と日常的な付き合いができている。地域の中で一体化しているわけだ。ボタンを押せば一緒にまわって比例区と選挙区をすみ分ける戦いができている地域が大きな力だと、改めて痛感した。各地で状況が違うが、せっかく自公協力の環境がうまくいっているので、日常的にもう一歩、深掘りして踏み込んで人間関係を作っていかねばならない。信頼関係を積み上げていく中で、公明党という個々人が持っている壁やハードルを乗り越えさせて、比例区の投票用紙に『公明党』と書かせる作業を日常的にやっていかないといけない。団体対策と保守対策を特筆して申し上げる。ぜひ、お願いする」

反転攻勢をかけるための打開策として、保守票の開拓、つまり、自民議員や自民組織を間に入れず、公明が自民党支持層に直接手を伸ばす戦略を打ち出したといえる。

関係者によると、19年参院選後の総括会議では、斉藤鉄夫幹事長はこう述べたという。

「公明党支持層の真ん中には強い支持者がいて、この方々はある程度、社会が動いて、変な風が吹いても、公明党を支持してくれる。しかし、強い支持層の周辺の人たちは、投票率が低くなれば、投票に行かない。従って、私たちが日常活動で心掛けなければならないのは、支持の輪を大きく広げること、そして、特にその周辺の外縁部にいる人のピン留めだ。日頃から、ピン留めして、いざ選挙になれば必ず投票に行ってもらうための日常活動が、今後の党勢拡大のポイントである」

斉藤氏は井上氏とちがって直接的な表現を避けているが、「周辺」「外縁部」が、自民党支持層であることは明らかだろう。公明党幹部は、こうして、ことあるごとに、地方の代表者たちに自民党支持層の引きはがしを求めている。

地域における自公連立

井上氏が言う「地域の中で一体化」とは、具体的にはどういうことか。玉野和志東京都立大学教授が「地域における自公連立」と表現するものだろう。著書『創価学会の研究』では、概略、以下のように分析している。

自民党側からみれば、小泉政権以降の自民は、中小零細の自営業者など、町内会や自治会を通じて地域社会を支えてきた旧来の支持基盤を切り捨てて、大資本とそれに連なる富裕層を新たな支持基盤とした。他方で、切り捨ててしまった大衆的な旧来の支持層のつなぎとめも課題であり、その支持層の一部を創価学会と公明党が引き受けている。他方、創価学会・公明党のサイドからみれば、地域社会の保守層から認められることもなく、創価学会という宗教団体の仲間たちとの励ましだけを頼りに、激しい折伏《しゃくぶく》と選挙運動で仲間を増やし、公明党への支持を集めてきた。それが、連立政権で自民支持者と協力を重ねることによって、世間的な意味での社会的な地位の上昇もある程度、実現し、とうとう町内会など地域の中心でも受け入れられるようになった——。

政治的な背景だけで、地域での自公連立が進んだわけでもない。少子高齢化や都市化など社会的な要因も大きい。公明の地方議員経験者は「創価学会の会員たちも高齢化しているが、一般世帯に比べると、まだまだ若く、子だくさん。『子供会』での活動を通じて、地域との関係を築くことができて、地域の世話役になれる」と語る。町内会活動にも熱心である。元議員は言う。「創価学会の会員はバイタリティーがあって面倒見がいいから、地域の相談役になる」。その時のツールになるのが、創価学会の機関紙「聖教新聞」だという。「会員が経験した日常的な苦労話、そして、その解決話が載っていて、共有できる。それを参考に相談に乗ることで支持を広げていく」。

別の元議員は「特に都市部ではマンションが増え、地域の活動にほとんど携わらない住民が増えた。そんな中でも、創価学会の会員は根を張り、地域活動に熱心だ。だから町内会から重宝される」と明かす。町内会幹部になる人も多いが、「民生委員」になる創価学会員も目立つという。地域住民の立場から生活や福祉全般に関する相談・援助活動を担う民生委員は町内会など地域からの推薦が必要となる場合が多く、人手不足の地域住民から、創価学会員が推薦される。元議員は「『あなたは、いつ、民生委員になったんだ?』というぐらい、どんどん増えている」と驚くという。

町内会と創価学会員

神奈川県在住の町内会長経験者の男性は10年以上続けた会長時代に、たびたび創価学会員に町内会役員を務めてもらった。回覧板を回し、町内会の役員を募ったところ、学会員は引き受けてもいいと答えてくることが多かった。会長として自ら、学会員に役員に就くようお願いしたこともある。男性は言う。「学会の人たちは町内会活動に熱心だから助けてもらいたかった」。

選挙になると、学会員から大規模集会によく誘われた。役員就任を依頼したお礼の意味もあって、たびたび足を運んだ。その場で名前が紹介されるわけでもない。学会員が同じ町内会の住民に公明候補への投票依頼をする際、「町内会長も集会に参加するぐらいだから、公明党は変な政党じゃない。ぜひ、投票して欲しい」と話しているのではないかと推測していたという。

創価学会の会員が町内会長になるパターンも多い。少子高齢化による「なり手不足」に加え、創価学会が組織として、奨励しているようだ。先に見たように、公明党の井上氏が「保守対策」を強調したこととも深く関係しているのだろう。創価学会・公明党は、地域に溶け込むことによって自民党支持層を奪いにいっている。

中には、複数の町内会を束ねる「町内会連合会」の会長（連合町内会長）を務める創価学会員もいる。西日本の、ある連合町内会長は政治的中立性が求められるとして、「会長の仕事をする上で、公明党への支持を訴えることはない」。地方によって違うようだが、地域の行事では、連合町内会長が地元県議や市議よりも先に来賓あいさつをする例もあり、「連合町内会の会長というのは非常に格が高い」（自民党県議秘書）という。ある公明市議は「連合町内会の会長という役職を利用して公明党支持を訴える必要はない。めんどくさい、地域の取りまとめ役を務めてくれている人が創価学会員なのだから、公明党も悪い政党じゃない、というイメージが広がるだけで良い」と語る。地位を利用して公明支持の旗を振ってくれなくとも、その存在が公明の「広告塔」になっているというわけである。

「保守層は利権を手放さない」

「自民党にとっては町内会長は、おいしいポストだ。やってみて分かった」。そう語るのは、ある政令指定都市の公明党市議だ。

町内会長の仕事そのものは、確かに煩わしかった。防犯カメラを設置するにしても、どの位置に取り付けるのか、カメラの向きはどちらにするのか、細かな配慮が必要だった。「絶対に自宅周辺を映されたくない住民もいる。そうした気遣いが必要だ」。何か事件が起きた時に警察に映像記録を提出するかどうかも事前に話し合っておかねばならない。「町内会長は誰もがやりたがる仕事ではない」。

一方で、町内会長のポストは政治的には魅力的だった。「地元住民の家族構成や職業といった個人情報も手に入れられる。こうしたものは、選挙の時に使う事実上の名簿にもなる。自民党が町内会長を押さえたい理由は、よく理解できる」。

公明党として力を入れる東京都議選では、何度も応援に駆り出される。そこで知ったこともある。創価学会員の男性が「俺、70歳なんだけど、町内会の青年部長なんだよ」と明かした。23区の一つだというのに、高齢化が進んでいることを実感したが、驚いたのはそれだけではなかった。「80歳や90歳になっても町内会長を務めている人がいて、いずれも自民党を支持している」とも聞いた。区や市からみれば、長老格の町内会長は地域のまとめ役にうってつけで、区議や市議として毎回トップ当選する実力者と同じぐらいの力を持つ場合もある。応援に訪れた市議は「自民党を支持する保守層というのは、なかなか利権を手放さない」と漏らす。

「小さな声を、聴く力。」

街を歩いていると、公明党の山口那津男代表の顔写真とともに「小さな声を、聴く力。」と大きく書かれたポスターがあちこちで張られているのを目にする。ポスターには、こんな説明書きがある。

「公明党は結党以来、『現場主義』を貫いて、全国約3000人の地方議員らが、暮らしの現場に飛び込み、『小さな声』に耳を傾けてきました。

そしてその声を、緊密なネットワークで国政につなげる……そうした地道な作業の積み重ねで、小さな声を大きな改革へと結びつけてきました。

小さな声を受け止める公明党が、日本の政治の安定、国民生活の安定を支えます」

党のホームページには、小さな声が大きな改革につながった事例として、「白内障の手術をしたいがお金がない」という高齢者の声に応えて保険適用できるようにしたこと▽駅のホームに視覚障害者のための点字ブロックの設置を推進したこと▽東日本大震災の仮設住宅の風呂に追いだき機能を設けたこと——が紹介されている。

総務省によると、2021年12月末時点で、公明党の地方議員は都道府県議197人、市区町村議では共産党（2428人）、自民党（2177人）を上回って2690人。野党第1党の立憲民主党の市区町村議数（157人）と比べると、地方への根の張り方は格段に違う。

「小さな声を、聴く力。」というキャッチフレーズには、こうした議員ネットワークの力をアピールする狙いがあるのだろうが、東日本で長年、公明の県議を務め、すでに引退した男性は「『小さな声を、聴く力。』は、有権者へのアピールという意味よりも、若い地方議員への戒めの意味がある」と明かす。

公明の議員、特に都市部の議員は、創価学会会員の世帯も含めて、以前に比べると地元を熱心に回らなくなったという。「地元活動を多少、さぼっても、都市部であれば一定程度の票があれば当選できる。その地域の学会の有力者とさえつながっていればいいと思っている。自分の足を使わなくなった」。

都市部ならば一定数の学会員が存在し、「公明党」を名乗ってさえいれば、自然に当選ラインの票は集められる。いざとなれば、その地域に住む学会の有力者に直接電話できる「回路」さえ作っておけば、いざ選挙で困っても、その有力者が票をまとめてくれる。元議員の男性は言う。「『分かっているのか、地方議員たちよ、小さな声を聴け』ということだ」。

公明と自民は、国政のみならず地方政界でも、一緒に与党関係であることがほとんどだ。「小さな声を、聴く力。」が公明党の地方議員から失われつつあるとすれば、あまりに選挙至上主義がはびこりすぎていると言える。公明党が野党だった時代を知らない若い議員たちの「与党ぼけ」の表れであるかもしれない。

創価学会と公明党、進む「政教一致」

自公が連立を組む4年前の1995年、自民党は宗教法人法改正問題に絡んで、創価学会の池田大作名誉会長の証人喚問を要求した。公明が加わる新進党は激しく抵抗したが、秋谷《あきや》栄之助会長の参考人招致に持ち込まれた。それ以来、創価学会幹部の国会招致要求は、自民が公明に揺さぶりをかける常套《じょうとう》手段となっていった。

こうした経緯もあって、公明党は創価学会との関係に多くの注意を払ってきた。党のホームページの「よくあるご質問」の冒頭には「公明党と創価学会の関係は？　政教一致じゃないの？」という疑問を掲載。答えとして次のように記している。

「公明党は、1964年11月17日に、池田大作創価学会会長（当時）の発意によって結成された政党です。以来、創価学会の仏法の理念に基づき、『個人の幸福と社会の繁栄が一致する、大衆福祉の実現』『人間性の尊重を基調とした民主主義をつくり、大衆とともに前進する大衆政党の建設』を目指してきました。ただし、創価学会と公明党との関係は、あくまでも支持団体と支持を受ける政党という関係であり、『あらゆる階層のいっさいの民衆を包含しうる大衆政党』であると綱領にも明記している通り、公明党は国民全体に奉仕する国民政党です（中略）。一部週刊誌等で『政教一致だ』とか『憲法20条に違反した関係にある』等の記事が掲載されることがありますが、全く的外れな批判であり、既に国会の論戦の場でも決着済みのことです」

ただ、ある地方議員は、かつてに比べて「政教一致」批判への警戒感は薄れていることを心配している。19年夏の取材にこう語っている。「政教一致が進んでいると見られても仕方がない。証左の一つは、聖教新聞の販売店や創価学会の施設に公明党のポスターが貼られるようになったこと」。かつては「政教一致」批判を意識し、ポスターを掲げていなかったが、第2次安倍政権以降、増えたという。公明党関係者や創価学会の会員が、会員以外の世帯にポスター貼りを依頼すると、「おたくの販売店や学会の建物には張ってないじゃないか」と言い返されることが増えたからのようだ。

安倍首相の悲願だった集団的自衛権の行使容認をめぐって、自公が厳しい折衝を重ねていた14年6月にはこんなことがあった。小泉純一郎元首相の秘書官だった飯島勲内閣官房参与が米国での講演で、「公明党と創価学会の関係は政教一致と騒がれてきたが、内閣法制局の発言の積み重ねで政教分離ということになっている」と説明した上で、「法制局の発言、答弁が一気に変われば、『政教一致』が出てきてもおかしくない」と強調した。菅義偉官房長官は公明側の懸念を払拭するためにすぐさま火消ししたが、飯島氏の発言は、集団的自衛権の行使を認めるよう憲法解釈を変更したい安倍氏側に対し、厳しく対峙する公明党への牽制だったことは明らかだ。

連立政権に参画する前に、自民党から政教一致批判を浴びたことを身をもって知る公明党の重鎮の間には、飯島氏の発言に対して「与党暮らしが長くなり、政教分離の緊張感が薄れている」と危惧する声が広がった。自民、公明の関係は今でこそ良好だが、いざ関係が悪化すれば自民側は憲法解釈の変更を持ち出して創価学会・公明党を揺さぶってくるかもしれない、という懸念である。

第6章　中枢を歩みながら自民党と対峙した小沢一郎

小沢氏の番記者時代

「強者をのみ込むブラックホール」である自民党に、野党はどう向き合っているのか。それを考える前に、1993年に離党し、自民党を2度の政権転落に追い込んだ中心人物、小沢一郎氏について考察していきたい。自民党時代にはその中枢を歩み続け、離党後の約30年間、自民党とせめぎ合って二大政党の確立をめざした小沢氏こそ、「自民党とは何か」を知り抜き、そして考え抜いてきた政治家と言えるからだ。

まず、筆者個人の体験を記す。鳩山政権だった2010年1月、当時、与党・民主党の幹事長だった小沢氏の担当記者となり、その後の1年8カ月間、いわゆる「番記者」を務めた。番記者になった当時、小沢氏は、政治とカネをめぐる疑惑の渦中にいた。

09年3月、西松建設の違法献金事件で、東京地検特捜部が小沢氏の秘書を逮捕した。当時の小沢氏は民主党代表。麻生政権の支持率が低迷し、民主党への政権交代が想定される中、「小沢政権」の可能性が高まっていたが、衆院選への影響を懸念した小沢氏は、同年5月、民主党代表を辞任した。後を継いだ鳩山由紀夫代表が率いる民主党が同年8月の総選挙で大勝すると、小沢氏は幹事長に就任。絶大な権力を握っていた。

番記者になったのは10年1月12日。その翌日の13日に、土地取引をめぐり特捜部が小沢氏の事務所や大手ゼネコンを捜索した。体調不良だった筆者は、病院から処方してもらった風邪薬を飲みながら、小沢氏の動静を追いかけ続けたことを鮮明に覚えている。

余談だが、こんなことがあった。張り番をする現場の記者のために政治部から弁当が用意され、国会記者会館に取りに戻った。体調不良に加え、外は寒空。体は冷えきっていた。しかし、当時の取材キャップは「冷やすとおいしいお弁当をデパートで買ってきたから」と言って、冷蔵庫から弁当を取り出してきた。震えながら食べた。

当時、小沢氏とマスコミとの関係は隔絶していた。通常は記者会見やぶら下がりのように発言を録音する「オンレコ」での取材とは別に、その場で録音もせず、メモも取らない「オフレコ」での取材も行って、政策の行方や政局について、あれこれと聞き出す。オンレコだけでは分からない政策決定の裏側に迫り、権力者が何を考えているのかを歴史的に記録する必要があるからなのだが、当時の小沢氏は一切、オフレコ取材に応じなかった。

小沢幹事長は「上司」であるはずの鳩山首相よりも明らかに強い政治力を持ち、紛れもない最高権力者だった。第2次安倍政権は「安倍1強」と呼ばれたが、当時は「小沢支配」という言葉があった。「1強」には、安倍氏に敵対する勢力がいないというニュアンスがあるが、「支配」という言葉は、対峙する勢力を小沢氏がその「剛腕」で上から押さえつけるイメージを表していたのだろう。

権力の構図がねじれていた鳩山政権は、通常の政権とは取材の方法も違った。一般的な政権ならば、与党の幹事長が首相と面会すれば、政治記者は幹事長にオンレコ、オフレコ双方で「首相は何を言っていたか」と尋ね、首相の言葉を引き出そうとする。しかし、鳩山政権は逆だった。小沢氏は、定例の記者会見以外はオンレコ取材にも原則応じなかった。一方、当時の鳩山首相は平日は毎朝、毎夕、首相番の記者のぶら下がり取材に応じていた。鳩山、小沢両氏の会談があると、首相番が鳩山首相に「小沢幹事長はなんと言っていましたか」と尋ねる逆転現象がみられた。

小沢氏に「お疲れ様でした」

取材に応じないとはいえ、政治記者としては、時の最高権力者が何を考えているのかを、直接引き出したい。小沢氏は毎朝6時半から30分ほど、秘書とSPと3人で自宅周辺を散歩する。それに合わせて、毎朝、自宅に通った。もちろん、取材には応じない。散歩を始める際に「おはようございます」、戻ってきた際に「お疲れ様でした」と声を張り上げるだけ。平日は他社の番記者もいたが、他社がいない土日も通った。一対一なら取材に応じてくれるかもしれない、という淡い期待を抱きながら。しかし、小沢氏にその気は全くない。

それでも、土日も含めて通い続け、番記者となって3カ月経った10年4月11日の日曜日。一人で道路に立っていた筆者のところに、小沢氏がいきなり近づいてきた。こちらが「おはようございます」と言う間もなく、小沢氏は「君が朝日か？」と尋ねてきた。面食らった筆者は「はい、朝日です」と答えると、「朝日ねっ」。小沢氏は、そのまま、いつも通りに散歩に向かった。散歩を終え、30分後に戻ってきた小沢氏に「お疲れ様でした」と言ったが、いつもと同じように「知らん顔」をされた。1年8カ月担当したが、この会話が一番長いオフレコでのやり取りだった。

小沢氏が最高権力者であるのに本人への取材はままならない。そのため小沢氏の側近を取材することになる。側近から小沢氏の言葉を聞き出す。それが番記者としての主要なミッションだった。当時、自民党はどん底に沈み、党内では「今後10年間は政権に復帰できないのではないか」との声も漏れていた。民主党幹事長の小沢氏は側近に「このまま自民党がだらしないようであれば、民主党を離党し、自民党に戻って立て直したい。政権交代可能な二大政党制にしなければならない」と語っていた。二大政党への強い執着を感じた。

その小沢氏と、まともにオフレコで話したのは17年3月のことだ。トランプ米大統領がメキシコとの国境閉鎖など大統領選での公約を貫こうとして批判を浴びる中、09年の政権交代選挙で公約に掲げていなかった消費増税に反対して12年に民主党を離党した小沢氏に「選挙と公約」について語ってもらおうとインタビューを申し込んだ。

小沢氏の事務所に入った際の緊張感は忘れられない。背中に冷や汗を感じた。しかし、後輩記者が何事もないかのように「はじめまして」と名刺交換した後、筆者も震える手で「実は私も小沢さんと名刺交換するのは初めて」と言うと、小沢氏は「何だ、君は番記者だったじゃないか」。政治家と番記者との一般的な関係は築けなかったが、小沢氏は覚えていた。そこで、「あの頃は、小沢さんは記者とも話さずに名刺も受け取ってくれませんでした」と返すと、「いつ番記者だったんだ?」と尋ねるので、「幹事長の時です」。小沢氏は「うーん、自民か民主か」、「民主党です」と答えると、「ああ、あの頃はトランプと同じでマスコミは敵だと思っていたからなあ」。政治記者としての青春時代だった小沢番の時の何かが心の中で氷解した瞬間だった。

後日談もある。小沢氏の話が面白かったので、担当デスクから「大型インタビューにしよう」と提案があり、再インタビューを申し込んだ。大型インタビューならと、「安倍1強」という当時の政治状況を作ったのは小沢氏ではないか、というテーマに切り替えた。それでも小沢氏は縦横無尽に答えてくれ、紙面化の一歩手前まで進んだが、とある事情で、掲載は見送られた。

「自民党の若きカリスマ」のイメージを利用

自民党はこれまで2度、政権の座を退いた。そのいずれもで、自民党を追い込む中心的な役割を演じたのが小沢氏だったが、それぞれに発揮した力は全く別だった。1993年の細川政権では、連立による多数派工作という永田町における政局上の手腕であった一方、2009年の民主党政権誕生では、衆院選で民意を引き寄せる選挙巧者ぶりだった。

特に09年の政権交代では、小沢氏のイメージが大きかったと言える。政権担当能力に疑問符がつく民主党にあって、47歳の若さで自民党幹事長を務め、「自民党に残っていれば確実に首相になったのではないか」と思わせたカリスマ的な小沢氏の存在が「小沢氏がいるのならば、民主党でも政権は担えるだろう」という一定の安心感を与えた。

こうしたイメージは有権者全般に向けられた以上に、民主党を支持する団体の基盤固め、そして自民党を支援する団体を切り崩す道具として、極めて効果的だった。

小沢氏をよく知る旧民主党スタッフは言う。「民主党時代の小沢氏は、自民党を支持する多数派を奪うためにどうしたらいいかを常に考えて行動していた」。しかし、正面突破は難しく、「まず先に、労働組合を固めることが大事だと考えた」という。06年4月に民主党代表に就いた小沢氏が最初に乗り出したのが、支持団体である連合との関係作りだった。当時の連合会長だった高木剛氏のインタビューを読むと、小沢氏による地方の足腰強化の狙いが分かりやすい。

15年11月23日の朝日新聞経済面に載った高木氏のインタビューである。

――06年、民主党の代表に小沢一郎氏が就くと、連合との関係ががらりと変わる
小沢さんは竹下内閣の官房副長官。政務の官房副長官には、労使関係担当みたいな役回りがあった。小沢さんと労組の産業別組織の書記長連中との懇談会があって、私も参加していたから昔から知ってはいた。酒は飲むしね。雑談は面白い。
小沢さんは代表になってそうたたずに、連合に来られた。「選挙の話だ」と。思うに、小沢さんは「民主党の地方組織がいかにも弱い」と、すぐわかるわけやね。こっちも小

沢さん流の選挙をするのに、連合を手足で使いたいんだな、と察した。そこで地方のネットワークもできるだけ協力しようという話になった。ところが、小沢さんが一人で行っても地方は「何だ」となるから、「一緒に行ってくれないか」という。私と古賀伸明事務局長（当時、前連合会長）の2人で半分半分行くかということになった。ほぼ全国を回った。

地方では幹部が待っていてくれた。小沢さんは次の参院選、衆院選への思いを話し、「協力してくれ」って頭を下げた。労組からは質問や意見を言った。終わった後、懇談会があって、ビールを飲んで雑談する。それを繰り返して、選挙を一生懸命やろうという雰囲気が高まった。

小沢さんは、いったんそういう関係を作ると、うまく使う。地域によっては、候補者だけでは、ポスターも貼れない。連合が全部、おんぶにだっこでやらなければいけないところもあった。小沢事務所にいる人たちは選挙を知っている。そういう人が地方の連合と仲良くやった。それが相乗効果を発揮し、うまく回った。

小沢氏と関係を作ったある地方の連合幹部は「あの小沢さんが、お酌《しゃく》して、一緒に写真を撮ってくれた。これ一生の自慢だよ」と喜んだ。連合本部の幹部経験者は「連合の地方組織の会長や事務局長は、幹部と言っても、どこにでもいる、その辺のオヤジ。ただ、普通の人よりも政治に関心が高い。それだけに自民党幹事長として権勢をふるっていた小沢氏は、ある意味、スター。小沢氏から『頼むよ』と頭を下げられたら、たちまちファンになる。簡単なもんだよ」と明かした。

小沢氏は足元を固めつつ、自民党時代の「威光」を使って、自民支持の団体にも侵食していった。旧民主党スタッフは「自民党の支持が厚い地域で、建設業者や農協、医師会など保守系の企業や団体の幹部をたずねると、『小沢さんはすごかったね』となる。田中角栄、金丸信《かねまるしん》、竹下登につながる自民党政治の中枢にいた小沢氏の幻影が残っていた。それに地方の農協の組合長など、ポイントになる人の名前を知っていたし、相手も小沢氏のことを知っていた」と語る。自民党時代はもちろん、一時的ながら自民との保守二大政党であった新進党時代や自民と連立を組んだ自由党時代も含めて、小沢氏は地方の有力者との関係をケアし続けていたのだろう。

参院選京都選挙区、2人擁立の狙い

小沢氏は、与党だった民主党の幹事長として、党としての地力の強化を考えていた。その象徴であり、物議をかもしたのが、2010年参院選に向けた京都選挙区（改選数2）での2人目擁立だった。それまで京都選挙区では自民、民主が1議席ずつを分け合ってきた。民主党の現職は3期目をめざす福山哲郎氏だった。例えば、04年は、民主は福山氏、自民は二之湯智《にのゆさとし》氏。小沢氏には、自民、民主による競争なき「談合」に見えていたのかもしれない。

福山氏に次ぐ2人目擁立にこだわった小沢氏は、党京都府連が「共倒れしかねない」として難色を示す中、自身の政治塾出身で、前年の衆院選で比例近畿ブロックで初当選したばかりの女性を擁立した。自らを慕う議員を将棋のコマのように使う小沢氏らしい手法だった。しかし、府連や連合京都は、若手のホープとして期待の高かった福山氏の支援に一本化。小沢氏擁立の女性候補は惨敗した。

小沢氏はなぜ2人擁立にこだわったのか。「与党ならば、自らの足腰を強化するために競争しなければならない」と側近議員に強調していた。小沢氏が京都で2人目を立てる意義を語る際、具体例に挙げていたのが1983年8月の衆院旧京都2区補選だった。この補選は、いずれも自民党所属だった前尾繁三郎元衆院議長、谷垣専一元文相の死去に伴うもので、自民が失った2議席を維持できるか、京都で支持が厚い共産が1議席を奪えるかが焦点だった。

自民が擁立したのは、後に官房長官や党幹事長を務める野中広務氏と、党総裁や幹事長だった谷垣禎一氏。結果は、野中氏を支援する田中派と谷垣氏を推す鈴木派がしのぎを削り、両氏とも初当選した。この時、小沢氏は党総務局長。現在の党選挙対策委員長の前身で、選挙を取り仕切る役回りだった。当時の朝日新聞の記事は「自民は鈴木、田中両派の激しい『派閥選挙』で票を掘り起こし、共産に競り勝った」と論評。敗れた社会党、共産党も「自民党の弔い合戦や派閥の競い合いにやられた」と総括した。一方、小沢氏は「とくに共産党の勢力の強い京都でも勝てたことの意義は大きい」とコメントしている。

同じ党同士の候補が競い合うことで、党全体の票が伸び、足腰の強化、裾野の広がりにつながるという小沢氏にとっての成功体験だったのだろう。

陳情一元化システムへの不満

小沢氏は民主党幹事長として、陳情の窓口を党幹事長室に一元化することを進めた。政策決定に影響力を持つ高位の官僚につなぐことができるかどうか——。陳情処理は、一人一人の国会議員にとっては政治力を誇示するための源泉だ。しかし、小沢氏はその源泉を断ち切るため、窓口を一本化。狙いについて「陳情をしたり、各省庁と結びついたりする利益誘導型の政治が、政官業の癒着を生み出す大きな原因の一つだった。そういうことをなくすのが我々の基本的主張だ」と語った。議員個人の政府への接触を禁じて幹事長室経由に限定することで、政官業癒着の象徴だった族議員を排除し、首長や業界団体の「霞が関詣《もう》で」も一掃するということである。

この狙いは建前だったであろう。野党に転落した自民党の力をさらにそぐことに主眼があったはずだ。長年、政権を握っていた自民党の議員は、官僚や首長、業界団体幹部らとのパイプが太い。しかし、地元首長や業界団体の陳情を民主党幹事長室に一元化することで、自民党議員が官僚につなぐことができなくなれば、パイプは断絶される。民主党内を掌握する思惑も、また、あったのだろう。幹事長の権限を握り、党内最大の小沢グループを率いていたとはいえ、党内には、自民党仕込みで政局を優先しがちな小沢氏に反発する議員も少なくなかったからだ。

しかし、一元化は永田町・霞が関だけでなく、全国津々浦々でゆがみを招いていった。

2013年6月18日朝日新聞朝刊の宮城版などに掲載された記事の一部を引用する（敬称

略）。

宮城県南三陸町長の佐藤仁（61）は奇妙な光景を覚えている。

民主党が政権をとった2009年8月から数カ月後。三陸道を早く延ばしてほしいと陳情するため、佐藤は、気仙沼市役所の市長室にいた。

当時の市長、鈴木昇（69）と佐藤が向き合った相手は地元の民主党市議。「市長と町長が市議に市長室で陳情するなんて」。佐藤は苦笑いで振り返る。

こんな現象が起きたのは、民主党が陳情の窓口を党幹事長室に一本化したからだ。地元の民主党支部にいったん陳情させ、その後、党県連で精査、その上で党幹事長室で集約することにした。

南三陸町のように民主党衆院議員がいない地域の代役は県議が務めたが、佐藤が陳情した日はその県議の都合がつかず、代わりに市議が対応した。

当時の民主党幹事長は小沢。以前の自民党政権では、業界団体や首長は自民党の地元議員や族議員のつてをたどって中央官僚に直接陳情した。自民党の力の源泉だった。

小沢は、それを変えようとした。首長や業界団体と民主党議員の関係を強くし、自民党の地盤を崩そうとした。しかし、佐藤はいう。「自治体の首長は不愉快だった。あれで小沢さんを嫌になった人は多い」

陳情を一元化しようとする小沢氏の発想は、どこから生まれたのか。そして、なぜ、いびつな状態を招いて不評を買ってしまったのか。旧民主党のスタッフは「小沢氏は岩手方式を全国に広げようとした。その最たるものが陳情システムだった。壮大な実験だったんだよ」と語る。小沢氏は地元岩手で、陳情を自らに一元化し、岩手を「小沢王国」にした。同じやり方で、全国の自民党の地盤を弱め、民主党の影響力を強める狙いがあったのだろう。一方、なぜ、うまく機能せず、あつれきをもたらしたのか。「岩手では陳情を受けた見返りに、選挙を徹底的にやらせる。知事も小沢氏が押さえていたし、県議も市議も民主党が多く、岩手には民主党のネットワークが緻密に広がっていた。だから陳情を受けた業者が『選挙支援をちゃんとやっているか』という監視システムが働いていた。しかし、全国では機能しなかった。岩手のような強固な組織を持つのは民主では小沢氏だけだった」(同スタッフ)。民主党の地盤が弱すぎる地域、つまり民主党の地方議員らのネットワークがほとんどない地域では、一元化の導入によって民主党の基盤が強化されるどころか、むしろ「民主党嫌い」を強める皮肉な結果を招いた。その意味では、「壮大な実験」は失敗に終わった。

小沢氏の陳情の一元化はあまりにも厳格で、「遊び」がなかったことも地方で不満が広がった理由の一つだろう。先述したように、自民党とそれに連なる人たちは、末端に行けば行くほどいい加減であり、その、いい加減さに居心地の良さを感じて、自民党に所属する人も少なくない。彼らにとって、小沢氏の一元化の手法は、その体質に合わず、居心地が悪く、とうてい受け入れがたかったと思われる。

「経済一流、政治三流」――戦後日本の行き詰まり

小沢氏は21年衆院選岩手3区で落選した。比例復活したが、小選挙区での落選は初めてだった。かつて番記者だった筆者は「選挙に執念を燃やす、あの小沢氏でも敗れてしまうのか」と個人的な衝撃を受けるとともに、時代の移ろいを感じざるを得なかった。衆院選を小選挙区比例代表並立制に変更することに精力を注いだのが小沢氏だった。それゆえに、小沢氏の小選挙区落選は、制度導入の94年から30年近く経ち、日本政治における「平成の政治改革」が一区切りしたという意味があるように感じたのだ。初めての小選挙区での落

選が、令和で初めての衆院選だったことも不思議な因縁かもしれない。

「平成の政治改革」とは何だったのか。小選挙区制導入を中心とする改革がめざしたのは、「自民党が万年与党」という政治状況を変え、政権交代可能な二大政党制をつくることだった。背景には戦後日本の行き詰まりがあった。官僚が主導する形で経済発展を遂げた戦後のある時期までは、「官僚一流、経済人二流、政治家三流」とも「経済一流、政治三流」とも「官僚主導型政治」とも呼ばれてきた。

それが立ちゆかなくなったのは、昭和から平成に変わった1989年の前後だった。外交面でいえば、米国に付き従えば良かった東西冷戦は、同年に終結。91年の湾岸戦争では日本は130億ドルを拠出したが、米国から「資金提供だけか」と批判が噴出した。内政面では少子高齢化という厳しい現実に直面する一方、それまでと同じような経済成長が見通せなくなった。国内外の課題は、官僚が主導する前例踏襲の施策では解決不能となる。過剰接待など官僚の不祥事も重なり、官僚主導への不信感が増したことも大きかった。95年の阪神・淡路大震災では、首相が官僚たちを動かす直接的な力を持たず、日本政治の中心であるはずの官邸の権力が空洞であることが浮き彫りになる。そして、省益にとらわれがちな官僚ではなく、より幅広い視点に立つ政治の強いリーダーシップが求められるようになった。

「政権交代可能な二大政党制」という理想

そこで小沢氏である。92年10月、東京佐川急便事件での5億円の違法献金問題を受け、自民党竹下派の会長だった金丸信・前自民党副総裁が議員辞職した。空席となった最大派閥の領袖のイスをめぐって派内は激しい抗争となった。会長代行の小沢氏の系列か、副会長の小渕恵三氏か。小渕氏が後継会長に決まったことで、小沢氏らは竹下派を離れ、羽田派を結成。翌93年6月に、羽田派は自民党を離党し、新生党を立ち上げた。

小沢氏は新生党結党直前の93年5月、『日本改造計画』を出版。ベストセラーとなり、1年後には70万部を売り上げた。同書で小沢氏が訴えたのが、首相官邸の機能の強化であり、小選挙区制の導入だった。

官邸強化については、「内閣総理大臣は、ほとんど万能に近い権力を握っているはずである。ところが、実際の首相は、万能どころか〝半能〟の権力さえ持っていないかのようだ」として、首相の権限強化を求めた。首相補佐官制度を提案し、「現在の首相秘書官や官房長官、官房副長官によって構成されている、文字どおり首相の手足となる部分を増強するとともに、その人材を多彩にすることである。つまり、首相の頭脳を分担するための専用のブレーンをつくる」と記した。

小選挙区制導入については、官邸機能の強化とのセット論を強調した。「権力は強いだけではいけない。強いと同時に、明確に限定されなければならない」とした上で、「はっきりしない権力がだらだらと永続するのではなく、形のはっきりした権力が一定期間責任を持って政治を行う」として、政権交代の必要性を説いた。衆院選の中選挙区制について「ぬるま湯構造の維持装置といっても過言ではない。現に政権を握っているから現状を変えたくない与党はもちろん、政権から遠ざかっている野党にとっても、現状改革の意欲を失わせてしまうほど居心地がよい」と批判し、「改革の目的は（中略）政治にダイナミズムを取り戻すこと」として小選挙区制の導入を主張した。「選挙民が均質で、それほど思想的にかけ離れていなければ、競争原理からいって、選挙は具体的政策をめぐる二大陣営の争いになるだろう。その結果、国の基本理念を同じくする二大政党制が確立しやすくなる」との見通しも示していた。

小沢氏が自民党を離党した直接のきっかけは、「自民党内の権力闘争に敗れたからだ」と見る向きが永田町にはある。確かに離党してまでこだわり、政治家として終生の目標とした政権交代可能な二大政党制も、『日本改造計画』に書かれたような純粋な理想ではなく、政局で敗北に追い込まれた私怨を含んだ理想だったのかもしれない。しかし、仮にそうであったとしても、政権交代可能な二大政党制という理想を繰り返し語ることによって、小沢氏の中では、純粋な理想に変わっていったのではなかろうか。そしてその純粋さにひかれて、小沢氏を慕う政治家らが増えていったのではないか。

いずれにせよ、小沢氏が『日本改造計画』で掲げた方向で、平成の改革は進んでいく。94年に小選挙区制が導入され、その後、96年に誕生した橋本龍太郎政権で首相の権限は強化され、官邸主導の政治を進めるための改革がなされた。

小沢氏が旗を振った「強い官邸」は小泉純一郎首相が使いこなし、第2次安倍政権で完成型となった。一方、もう一つの「小選挙区制導入による二大政党制の確立」はどうか。安倍政権の下、野党はまとまるどころか、四分五裂になり、見果てぬ夢という状況に陥った。『日本改造計画』には、小選挙区制の欠点を列挙する中で「必ずしも二大政党制になるとは限らない」との記述もある。まるで将来を予見していたかのような一文である。

「自民分裂」エネルギーの消滅

第2次安倍政権が始まったころ、民主党スタッフはこう語っていた。「小沢氏と関係の深かった有力者は、まだ全国に残っている。だが、その関係は、いつまで持つのだろうか。小沢氏自身が権力から遠ざかる状況が長引くと、関係は維持できなくなる。有力者の高齢化による引退もあるだろう」。小沢氏の小選挙区での落選は、全国の有力者との関係はおろか、地元・岩手における有力者とのつながりさえ薄れてきていることを物語っているのだろうか。

小沢氏の落選に象徴される、あるエネルギーの消失について考えていきたい。

小選挙区制導入による政権交代可能な二大政党をめざすなどの目的で、1993、94両年、自民を離党した議員は小沢氏ら少なくとも88人いた。93年の非自民・非共産勢力による細川政権、その後の羽田政権では、この離党組が政権の中枢を担った。2009年に政権交代を果たした民主党でも、小沢氏はもちろん、鳩山由紀夫氏や岡田克也氏ら、自民党離党組が政権運営に携わった。つまり、2度の政権交代の原動力は、自民党分裂のエネルギーだったと言っても良い。

この88人の中には、民主党政権で財務相を務めた藤井裕久氏のように国会議員を引退したり、鹿野道彦元農水相のように死去したりした政治家も多いが、石破茂氏や二階俊博氏のように自民党に復党した議員もいる。先述した「出戻り型」のうちの「旧世代」である。

そして、平成が終わり、令和に時代が移った2019年5月時点で、1強自民に対峙するために共闘する野党側に残ったのは、88人のうち小沢氏、岡田氏、参院議員の増子輝彦氏の3人だけだった。増子氏はその後、国民民主党の解党に伴って無所属になった後、20年10月には、「コロナ禍でスピード感をもった政策実現が求められる中、野党より与党的立場で議員活動した方がよいと判断した」と述べ、無所属のまま参院の自民党会派に入った。さらに、22年参院選での不出馬を表明。これで、野党側に残るのは小沢氏と岡田氏の2人だけになった。

つまりは、二大政党を作ろうとした自民分裂のエネルギーは88から2に大幅に減少したことになる。小沢氏が21年衆院選の小選挙区で落選したことを思えば、残るエネルギーは2ではなく、「1・5」なのかもしれない。

自民党分裂のエネルギーを利用した平成の政権交代のモデルは事実上、終わった。令和以降の新たな政権交代のモデルはどんな形になるのか。再び自民党分裂を待つしかないのか。平成とは違う、新たな政権交代のモデルになるのか。現状は先が見通せない。

「自民党」という不思議な安心感

非自民の政党を職員として渡り歩いた60代の男性は、東北で生まれ育った。1970年前後、地元で市議を務めていた親戚の言葉が忘れられない。「田舎は自民党と農協さえあればいい。それだけで田舎の生活は回っていく」。

親戚は専業農家で農協の組合長から市議になった。無所属だったが、自民党衆院議員の系列に連なる典型的な地方議員だった。国会議員を支援する選挙で牛肉を配り、逮捕されたこともある。「村落共同体を担うのは農協の理事たちで、彼らが全体を支配していた。肥料を買うのは農協だし、貯金するのも、結婚式を挙げるのも、葬式を開くのも農協。農協に任せておけば、みんなが幸せだということだった。地元の農協の総会は、そのまま部落（町内会）の総会だった」。

特定郵便局の局長たちは町の名士で、普通の人にとっては農協が中心だったという。彼らにとっては、政治といえば自民党しかあり得なかった。「社会党の連中は、政治なんかやっている輩じゃない」という言葉も聞いた。中選挙区だった昭和の時代は、田舎に行けば行くほど、自民党は地域に欠かせない、政治にアクセスするための唯一にして最強のインフラだったということだろう。

自民党の強さを身をもって知る、この職員は言う。「保守層を切り崩すには、保守を使うしかない。地方の首長選をみれば、対立構図をつくり出せるのは、保守分裂しかあり得ない」。小選挙区を導入し、自民に代わりうる政権担当能力のある政党を作り出そうとする「平成の政治改革」は自民党分裂、保守分裂を生み出した。93年の細川政権は、分裂そのもので誕生した。

民主党は2003年に小沢氏率いる自由党と合流した。この「民由合併」で民主党が保守層にウィングを広げたことによって、自民党と民主党の争いは、保守層を自民党から切り崩すための「保守分裂」の雰囲気を作り出すことに成功したのだろう。

そして、民主党が政権を奪った09年衆院選で打ち出した政策がリアリズムを持って受け入れられたのは、かつて自民党政権にいた小沢氏らが民主党に所属していた事実が大きい。「民主党が政権を取っても、自民党出身者がいるから、外交・安保政策でもうまくやっていけるのではないか」という一定程度の安心感を国民に与えたのだ。子ども手当や高速道路無料化など、打ち出した政策が実現したかどうかは別だが。

自民党出身者が持つ不思議な安心感を踏まえれば、2017年衆院選における希望の党騒動も理解可能である。森友学園、加計学園という安倍首相を直撃する問題が続く中、小池百合子東京都知事は、「都民ファーストの会」が都議選で圧勝した勢いで、国政進出をめざした。安倍首相は衆院解散を表明したが、同時に小池氏は希望の党立ち上げを公表。「政権交代もありうる」との空気が一時的とはいえ広がったのは、安倍自民党への逆風によるものだけではなく、小池氏が知事に転出する直前まで自民党に所属していたことに対する国民の安心感もあったのだと筆者は考えている。これぞ、自民党の持つ魔力である。

2009年下野よりダメージ残った93年の分裂

自民党は1955年の結党後、政権から2回滑り落ちた。1度目は1993年、2度目は2009年だった。政治史あるいは民主主義という視点でいえば、09年の方の意味が大きい。93年は、衆院選が終わった後に、非自民の8党派が連立を組むことで自民党は下野に追い込まれたが、選挙そのものでは自民は第一党を維持していた。一方、09年は民主党が過半数を大きく上回る議席を得る、民意による政権交代であり、自民は結党後初めて第一党の座を滑り落ちた。

しかし、自民党にとってのダメージは逆だという。党関係者は「93年の政権転落の方が尾を引いた」と語る。93年は自民党分裂を伴っていたからである。自民党から離党した小沢氏らが新生党を結党。衆院選を経て細川政権が生まれると、その後も、石破茂氏ら自民党からの離党者が続いた。前述した通り、93、94両年で自民党を離党した国会議員は少なくとも88人いた。

当時の衆院選は、一つの選挙区から、おおむね3〜5人が選ばれる中選挙区制だった。自民党同士も争う選挙制度で、衆院議員は、自らに近い県議や市町村議を系列化していた。党員は自民党への所属意識より、自らが支持する衆院議員の「後援会員」という意識が強かった。このため、国会議員一人が離党すると、系列の地方議員や党員も一斉に離党したのだ。影響は大きく、95年の統一地方選で行われた44道府県議選で自民党の当選者は48・3％と初めて過半数を割り込んだ。統一地方選に限ってみれば、自民党が過半数に復帰したのは2015年。民主党が地方議会でも伸長した影響があり、過半数を取り戻すのに91年統一選以来、実に24年かかったことになる。

前出の自民党関係者は「小沢氏の地元の岩手では、いまだ、分裂の影響は大きく残る」と漏らす。22年5月段階では、岩手県議会は、小沢氏に近い達増《たっそ》拓也知事を支持する「希望いわて」が第一会派の15人。14人の自民党会派をいまだに上回っている。

岩手以外でも分裂の影響が残る地方がある。自民党の遠藤利明選挙対策委員長は、21年11月23日付の党機関紙「自由民主」でのインタビューで参院選に向けて、こう語っている。「かつて自民党の有力者が離党し、現在も保守が分裂している1人区は多くが負けています。分裂した人とその人に連なる流れが続き、そこに野党勢力が加わると、わが党候補よりも支持層が大きくなるからです。こうした人々を少しでも呼び戻して、一緒にやれる体制を築く取り組みを参院選を目標に進めていきたいと思います」

遠藤氏の発言には、地元・山形も念頭にあるのは間違いない。遠藤氏は、自民党で「清和会（現安倍派）のプリンス」と言われながら、細川内閣の総辞職を受けて94年に自民党を離れた鹿野道彦元農林水産相と衆院山形1区で血みどろの戦いを繰り広げてきた。鹿野氏は、父親の彦吉氏の後を継いだ典型的な世襲議員。地元には「自民党員であるよりも彦吉氏の後援会会員だったことが誇りだ」と公言する「鹿野党」とも言うべき強固な地盤が存在し、鹿野氏が自民党を離党した際に、「鹿野党」の人たちの多くも自民党を離れた。

1人区の参院選山形選挙区では16年、19年とも野党系無所属候補が自民候補を破っている。

22年の参院選で山形の自民党は混迷した。野党側の現職が自民との距離を縮める国民民主党所属であることに加え、擁立しても勝ち目がないと判断した自民党本部が、擁立見送りを一時は検討。地元だけでなく、党内の反発を買った。

93年の下野が自民党分裂をともなった一方、09年の政権交代前後に自民党を離党した議員は、みんなの党を結党した渡辺喜美氏や新党改革を立ち上げた舛添《ますぞえ》要一氏ら、小規模にとどまった。また、小選挙区下では中選挙区と同じようには系列化は進んでおらず、地方での離党者も93~94年のようには広がらなかった。旧民主党の選挙対策に関わったスタッフは「09年の政権交代は、保守層を本格的に切り崩して得たものではない。『自民党はダメ』という世の中の空気が大きかった。小沢氏は政権を奪った後も、保守層の切り崩しを意識していたが、早々に幹事長を退いてしまった」。民主党が政権を握っている時に、保守層に切り込めなかったことで、自民党の力を温存させてしまった悔いである。

第7章　野党は何をしているか

立憲・小川淳也氏が英国で知った言葉

自民党の中枢を知る小沢氏を通じて、政権交代可能な二大政党制について考えてきた。では、自民党議員の経験がない野党議員はどう見ているのか。

立憲民主党の小川淳也《じゅんや》政調会長が、初めて衆院選に挑んだのは2003年だった。この選挙の前、菅《かん》直人代表率いる民主党は、小沢一郎氏が代表の自由党と合流。総務官僚だった小川氏は、この新しくなった民主党の公認候補として香川1区から立候補したが、比例での復活当選もならなかった。05年に比例復活で初当選し、21年衆院選では自民党の平井卓也前デジタル相を小選挙区で破って6選を果たした。同年秋の立憲民主党代表選に敗れた後、泉健太代表の下、政策の取りまとめ役である政調会長に就いた。

その小川氏がたびたび紹介する言葉がある。「保守政権は天然物で、非保守政権は人工物だ」。自治官僚だった小川氏は1999年4月から翌年3月、自治体国際化協会ロンドン所長補佐として、英国で勤務していた。その際、「インパクトがあった」として記憶に残っている言葉だという。

英国の政治体制は、長らく保守党と労働党の二大政党が競い合ってきた。同じ議院内閣制を持つ日本は90年代以降、その英国流を理想のモデルとして追い続けた。衆院選での小選挙区しかり、党首討論しかり。そのイギリスで聞いた言葉を、小川氏はこう解釈している。『資産を持っている』『土地を持っている』など守るべきものがある人、つまり、社長や富裕層、強者たちがメインとして作り上げるのが保守政権である。これはイギリスでは保守党の政権だ。川の水が上流から下流に流れるがごとく、自然かつ天然の統治権力ということ。一方で、世の中のバランスは、それだけでは健全に維持できない。例えば労働組合。弱い社員が団結して強い社長に対峙して対等に対話し、再分配を求める。天然の権力ではないけれども、弱者の団結によって作り上げた人工的な権力だ。これは英国では労働党にあたる」。

「持てる者」を代表する天然の権力と、「持たざる者」を代表する人工的な権力があって、その二つが均衡を保つことで、社会は健全に発展するとの解釈である。

日本に当てはめれば、自民党政権は当然、天然物だろう。大企業から多額の献金を受けとり、経営側との結びつきが強く、事業者や企業のまとめ役である業界団体との関係も深い。一方、労働組合の支持を得ながら、自民党に対峙してきた社会党や民主党、いまの立憲民主党、国民民主党は人工物ということになるのだろう。

ただ、小川氏からみれば、日本の天然物の権力である自民党は、イギリスとはだいぶ異なる面がある。それは、末端への強固な広がりだという。「日本は自民党政権が半永久的に続いてきた。そのため、医師会や農業団体、建設業協会、それから自治会や婦人会、体育協会にいたる末端まで、天然権力が行き渡っている」。衆院香川1区には、県庁所在地の高松市のほか、小豆島など島嶼《とうしょ》部もある。「都市部では比較的、緩いかもしれないが、郊外や島嶼部に行けば行くほど、行き渡った天然権力は強固だ。『自民党であらねば人にあらず』的なカルチャーが、自民党の半永久政権の中で、仕上がっている」。自民党支持の組織をまわって、冷たくあしらわれる経験もしている。「自民党議員に顔を向ける行動は仲間内で許されるが、野党議員へは許されない。だから、私と接点を持つことに警戒をし、接点を持っているところを他人に見られることを嫌がる傾向は少なからず、ある」。

自民を染み渡らせる地方選の仕組み

一方の英国。町内会・自治会を含めて隅々まで自民党が染み渡っている日本と違い、末端まで保守党一色ということはないという。小川氏は両国の違いの原因を二つ挙げる。

一つは自民党政権が長すぎることだ。イギリスでは、保守党政権が失政を続ければ、労働党政権が誕生、しばらくすれば、また、保守党政権に戻る――そんなサイクルを繰り返してきた。政権交代の可能性を担保してきたのが、一つの選挙区から1人しか当選しない小選挙区だった。一方、日本の自民党は1955年の結党以来、細川政権、羽田政権、民主党政権の計4年あまりを除き、政権を担ってきた。

もう一つの原因は、日本における地方議員の選挙制度である。衆院選は一つの選挙区から3~5人が当選する中選挙区を、英国と同じ1選挙区から1人しか当選しない小選挙区に変えたが、地方選の制度は改革されなかった。都道府県議選は、過疎地では定数1のケースも多いが、県庁所在地や中堅都市では定数は2人以上。特に県庁所在地の定数は多く、例えば香川県議選での高松市選挙区は定数15だ。また、政令指定都市を除く市町村の議員選挙は、その市町村全体を一つの選挙区とし、全定数を選ぶ大選挙区である。

これまで見てきたように、自民党籍を持つ地方議員の多くは、自らの選挙では「自民党」の看板を隠して「無所属」として戦って融通無碍に支持を広げる一方、国政選挙となれば、その集票力を生かして自民党を必死に支援している。小川氏は「イギリスは大きく違う。県議選レベルの選挙では、中学校区ぐらい、市議選・町議選レベルの選挙では小学校区ぐらいを一つの選挙区として1人ずつ議員を選ぶことが多い。小さな選挙区ごとに、各党の支部があって、党員や活動家が根を張っている。富裕層が多く保守党が強い地域もあれば、労働者階級が強い労働党の岩盤地域もある」と語る。

その上でこう分析する。「上流域が天然の権力と人工物に分かれているのは、世の常であり、イギリスやアメリカ、日本も同じだ。しかし、下流域がここまで天然の権力に支配されているのは、世界にまれな選挙制度で成り立っている」。

小川氏の認識によれば、「政権交代可能な二大政党」による政治体制をめざして衆院選に小選挙区を導入したが、地方選を改革しなかったために、自民党が末端まで根を張る政治状況を変えられず、現状の「自民1強」に至っているというわけだ。「市町村議選も小学校区ごとにして、自民党系と民主党系が争っていれば、10年に1回ぐらいは必ず政権交代が起きる状況になったはずだ。そうすれば自治会も医師会も農業団体も、自民党一辺倒にはならない」。

町内会長のような各地域の代表者は、そのほとんどが自民党とどこかでつながっていると感じる。「自民党議員の集会の案内や活動予定が、自治会の回覧板で回る風習が地域によっては残る」という。

これまで見てきたように、無所属で市町村議選を勝ち抜いた議員は、初当選後は、すぐ自民党に入党するケースも多い。小川氏は「自民党員であれば、議会の委員長ポストが回ってきたり、議長になれたりする。理念とか政策じゃなくて、自民党は現世御利益の象徴だ」と語る。有権者から「あなたは野党だから、我々に利益をもたらさない」という趣旨の言葉を投げかけられたこともある。「政党中心の選挙制度は小選挙区制か比例代表制のいずれかだが、中選挙区や大選挙区は理念なきボス政治、現世御利益政治になりやすい。つまり、何党であろうが、有権者は自分にとっての損得で選ぶ」と言う。

選挙に精通する自民党スタッフの分析

小川氏が衆院香川1区で対峙し続けてきた自民党の平井氏は、祖父と父が参院議員を務め、父は地元紙・四国新聞の社主でもあった。まさに「天然物の権力」の象徴であろう。21年衆院選では小川氏が平井氏を破りはしたものの、末端まで広がる自民党支持の構造は根本的には何も変わっていないだろう。小川氏は、その構造を変えるためには地方議員選挙での小選挙区導入が必要との考えだが、選挙に精通している自民党スタッフも同じような見方を示す。「民主党が自民党との二大政党を本気で確立するつもりがあったならば、政権を持っている時に、最低でも都道府県議選は小選挙区制に変えておけば良かったのだ」。

そう考える理由は「自民党の力の源泉は地方にある」とみているからでもある。今でこそ、「力の源泉は地方」との考えが党内に定着してきたが、かつては、国会議員が自分たちの都合や好き嫌いを優先し、地方のことなど考えることなく、激しい党内抗争を繰り広げてきた。「地方あっての自民」との考えが決定的になったのが、09年の政権転落だという。第1次安倍、福田、麻生の三つの政権が1年ごとに交代し、民主党の伸長もあって、自民党の支持率は低迷し、09年衆院選で惨敗した。

下野後も、自民党は各地の選挙で負け続けたが、転機は10年2月の長崎県知事選だった。09年夏の衆院選で長崎では四つの小選挙区すべてて民主党候補が勝利したが、その半年後の知事選では自民支援候補が勝ったのだ。自民党の谷垣禎一総裁は「選挙は勝ち続ければ勝つが、負け続ければ負ける。長崎知事選は反転攻勢のきっかけだった」と振り返った。長崎県知事選での勝利後も、野党自民党は地方選で勝つたびに「国政では民主党が政権を握っているが、地方は自民党を支持している」と意図的に言い続けてきた。その結果、「自分たちの強みは地方だ」との考えが党内で共有されていったという。

そんな経験をしているからこそ、先の自民党スタッフはこう語る。「民主党は政権の座にある時に、一気に地方に攻め入るべきだった。県議はともかく、保守系の市町村議は、

『自民党員』という意識ではなく、『政権党の党員』という意識。だから、民主党は政権を握っている時に、市町村議を引き入れておくべきだった」。

後援会作りを怠ったツケ

小川氏の言う通り、長く政権の座にある自民党は全国津々浦々まで、水が染み渡るように支持の網を広げてきた。その自民党を政権から転落させた民主党は、政権党が持つ吸引力を利用できず、自民党の支持構造を温存させてきた。地方議員の選挙制度を変えなかったことも大きな要因だったかもしれないが、民主党の体質そのものに国民を引きつける魅力が足りなかったことも大きいのではないか。

「民主党は自民党と同じように『国民政党』を名乗りながら、有権者の気持ちをつかめなかった」。2013年4月、そう語ったのは、元民主党衆院議員の斎藤恭紀氏だ。12年12月の衆院選で宮城2区から再選をめざして立候補したが落選した。

気象予報士の斎藤氏は、宮城のテレビ局・東北放送で気象キャスターだった。分かりやすい語り口や親しみやすい性格で人気の斎藤氏に、民主党が白羽の矢を立て、2009年衆院選に擁立し、初当選した。11年12月、衆院選で掲げていなかった消費増税の方針に反対し離党届を提出。12年衆院選には「日本未来の党」公認で立候補したが、あえなく敗れた。

斎藤氏はこう語った。「震災で思ったのは、自分たちは風だけのイケイケで当選してきたということ。結局、後援会を作らなかったから、情報を吸い上げる耳がなかった。これは選挙の時もそうだが、震災という有事の時にも響いた。国民の声を吸い上げる機能が決定的になかった」。後援会は政治家にとっては一義的には選挙に勝つための基盤だが、有権者が日々何を考えているのか、何に不安や不満を持っているのか、そんな国民の声を吸い上げる回路でもある、というわけだ。幅広く声を拾い上げていれば、平時の政策作りにも生かせる。

斎藤氏ら09年初当選組は民主党に143人いたが、12年衆院選で再選できたのは、後に国民民主党の代表になる玉木雄一郎氏ら、わずか11人。第1次安倍、福田、麻生の三つの政権の低迷による自民党への不信、そこに乗じた形で吹いた民主党への風による勢いだけで初当選して、後援会作りを怠ってきたツケが回ったのだろう。

斎藤氏は13年12月に政界引退を表明。「政治家をやめることに悔しい思いもあるが、経済的に厳しく、仕事と政治活動を共に続けることが難しくなった」と語った。引退後は、気象予報士に戻り、福島テレビで活躍している。

宗教団体、PTA、その時々のつながりで

地力をつけようとしないのは、何も09年初当選の衆院議員だけではない。民主党の地方議員も同じだった。斎藤氏は、沿岸の被災地を選挙区に持つ民主党の地方議員から、こんな話を聞いた。「仮設住宅を回ると、議員が来たからと言って、何かお願いされる。それができなかったら、批判されるだけ。だから回らない」。のちに取材したこの地方議員は、特定の民間労組をバックに持ち、組織を固めて当選を重ねられるのであれば、無駄に支持を増やす必要はない、と考えていた。この地方議員は「私には後援会はない。4年ごとの選挙のたびに、ある時は宗教団体だったり、PTAだったり、その時々のつながりで戦ってきた。後援会はメンテナンスが大変。『あなた個人はいいが、あの後援会長と一緒にやりたくない』という人もいる。勝つために1万票が必要なら、後援会も必要だが、そこまで集票しなくていい選挙なら後援会は不要。私の選挙について全体を語れるのは私だけだ」と語った。特定層の支持にとどまらず幅広い国民のための政治を行う「国民政党」とはほど遠いと言える。

地方選での「ため書き」

足場を固め支持を広げようとしない旧民主党議員のエピソードは、自民系の議員を取材していれば事欠かない。

2013年4月、宮城県登米《とめ》市議の取材のため、自宅に出向いた。当時64歳の無所属市議。38歳で合併前の町議に初当選して以来、ずっと無所属だ。ポスターには地元の地域が推す候補であることを強調して「○○地区すいせん」と書かれていた。

「早く道路のでこぼこを直せ」「給食費を安くしろ」「息子の嫁を探してくれ」住民からの陳情は、身近な話題ばかり。無所属を貫くのは、こうした陳情を受け、こなしていくためだ。「地域住民は政治がどうこうじゃない。地区の代表として選挙で応援してもらって、それをお返ししなければならない」。自民党の小野寺五典氏の後援会に入っており、衆院選では選対の役員を務める。県議選でも自民系の候補を応援するが、自身の選挙では自民の公認や推薦はもらったことがない。「地域の人は政治にかかわりたくないんだよ。明確な政治姿勢を示すと応援してくれない人もいる」と理由を語る。「あなたを支持しているが、自民党の政策を支持しているわけじゃない」とはっきり言われることもあるという。

取材の4日前に投開票された市議選で3選を決めたばかりの自宅の部屋には、壁一面に「必勝」などと書かれた「ため書き」が張られていた。小野寺氏ら自民党の衆参国会議員、県議だけでなく、日本維新の会所属の政治家からのため書きもあったが、民主党議員からのものは一枚もなかった。

「民主党からのため書きは拒否しているのか」と尋ねると、笑って答えた。「いや、違う。張っていないのは、来ないからだよ。自分の支持者にも民主党支持者はいるから、持って来れば、張る。張る位置は目立たないようにするかもしれないが、とにかく持って来ないんだよ。民主党は人手がないんだろうか。私のような保守系の無所属候補を一軒一軒回る余裕なんてないんだろうか。組織力がないんだよ、きっと」。

旧民主党のスタッフは「確かに、組織力はない。ただ、ため書きを送らない理由、送れない理由は他にもある」と明かす。東日本にある県庁所在地の市議選でのこと。労組が全面支援する民主党公認候補が2人立候補していた。地元の民主党衆院議員が、民主系の地方議員を増やそうと、無所属候補にため書きを送ったら、民主公認候補2人から苦情が来た。「なぜライバルに塩を送るのか」と怒っていたという。「民主の地方議員は既得権益の票だけで楽に当選して、互いに競争しようとしないから、党の地盤は強くならなかったし、広がらなかった」（前出スタッフ）。

東日本のある自民党県議は、自民と旧民主の地方議員の違いをこう語った。「自民党は、相手とマンツーマンの関係を築こうとする。自分がネットワークの中心にいるから『自分党』になる。だからこそ、お金もかかるし、苦労もする。でも、民主党の人たちは労組のバックアップさえあれば当選できる。極端な話、1年に1回、組合の大会に出てあいさつすればいい。お金もかからない代わりに、一対一の人間関係を築けない」。

前出の旧民主党スタッフは衆院候補たちに、地元の保守系無所属の人たち全員に、ため書きを送るよう助言したこともある。そのうちの一人が助言に沿って送ると、保守系無所属の地方議員から「昼間に事務所に来ないで、夜になったら、自宅に来てくれ」と言われた。保守系の議員には野党にシンパシーを感じていても、そのつながりを周囲には見せたくない思いもあったようだ。

下りエスカレーターを駆け上がり、自民幹部にあいさつ

風頼みの民主党国会議員と、労組頼みの民主系地方議員の事例を並べたが、いくら党に

逆風が吹いていても、当選を重ねる安住淳衆院議員のように、強固な地盤を持つ野党議員もいる。

東日本大震災後に勤務した仙台総局時代に筆者は、安住氏の強さの秘密を何度も聞いた。それも自民党サイドからである。安住氏は本来なら対立しているはずの自民党支持者に、あの手この手を使ってアプローチを繰り返していた。

安住氏の地元の自民党幹部がJR仙台駅から新幹線に乗ろうとした際のこと。その幹部を見つけた安住氏は下りのエスカレーターに乗っていたにもかかわらず、「あっ、先輩！」と言ってエスカレーターを駆け上がり、あいさつしてきた。自民党幹部と安住氏は同じ石巻高校出身だった。「そこまでやるか」とあきれながらも、好感を持たずにはいられなかったという。

安住氏のライバルだった自民党の候補が地元・石巻市に、テレビ出演でも知名度の高い「ハマコー」こと、浜田幸一元衆院議員を呼んだ時のことだ。浜田氏は、演説の中で、その自民党候補の名前は1度しか触れなかったが、安住氏の名前には何度も言及した。「おかしいな」と思って、関係者が永田町の知人に尋ねたところ、ライバル候補の応援に訪れることを事前にキャッチした安住氏は、テレビ共演で旧知の浜田氏の事務所を訪ね、「私の地元に来てくれるんですね。ありがとうございます」と、地元のアワビ持参でお礼に来たという。この逸話は地元の自民党関係者の間では「抜け目ない安住氏」として語り草になっているという。

自民党の地方議員はこんな経験をした。衆院の宮城県内の選挙区の区割りが変更される際、この議員の地元が安住氏の宮城5区に変わることになった。区割りが決まった、まさに、その日、安住氏から自宅に電話があり、「今度、そっちの方の選挙区になりました。よろしく頼みます」。その後、安住氏から再度連絡があり、「自宅まであいさつに行きたい」という。この議員は「さすがに自分が会うわけにはいかない」と、あえて支援者の葬儀に出向き、妻が安住氏から名刺を受け取った。

他方、自民党の衆院候補からは電話一本も来ず、党の支部長・幹事長会議も開こうとしなかった。この地方議員は言った。「さすがに自民党の看板を背負っているので、安住氏の応援は出来ないが、かといって、自民党だからといって、連絡も来ないヤツの支援もしたくない」。

NHKの政治記者だった安住氏が初めて衆院選に立ったのは、最後の中選挙区選挙だった1993年。旧宮城2区から無所属で立候補し、新党さきがけ、日本新党の推薦を受けたものの、落選した。初めて小選挙区が導入された次の1996年衆院選で初当選し、以後、自民党候補を破り続け、21年まで小選挙区で9回連続当選している。

なりふり構わぬ大型の名札

次に取りあげるのは、立憲民主党の野間健《たけし》衆院議員である。安住氏のようにテレビ出演が多いわけでもなく、党幹部や財務相などを歴任した「看板」があるわけでもないのに、21年秋の衆院選では、「自民王国」の鹿児島から小選挙区で勝ち上がってきた。鹿児島3区で3回目の当選を決めた野間氏はどうやって支持を広げたのか。

失礼ながら、全国的には全くと言っていいほどの無名である。地元でも、野間氏のことを知らない人が多いかもしれない。それでも、選挙区でよく名前を呼ばれる。「あらっ、野間さん」。

なぜか。選挙区にいる時は、辻立ちの際はもちろん、コンビニやスーパーに行く時でさえも、スーツの左胸に「野間たけし」と書いた名札をつけているからだ。名刺サイズどころではない。A4判を二つ折りぐらいにした大きさだ。それだけに目立つ。「恥ずかしいぐらいやらないと目立たない」。夏祭りや運動会、餅つきなど、地域の行事に行く時でも、ラフな格好で行かずにあえてスーツで行く。もちろん名札をつける。「ネクタイをして、名札をつけている変なやつが来た」と覚えてもらえる可能性が高まる、と笑う。

浪人中は、祭り会場の中には入らなかった。主催者側に知人がいれば、来賓席を用意してくれることもあるが、名札姿で会場の出入り口に立ち、あいさつし、名刺を渡す。「野間さん、突っ立っていて、かわいそうだね」と言われると、「いや、私は落選しているから、外であいさつだけさせてもらっている」と返す。同情票を意識しているという。

17年衆院選では、ライバルだった自民党の小里《おざと》泰弘元環境副大臣も、気付いたときには似たような名札をつけるようになっていた。定数是正のための選挙区の区割り変更で、小里氏にとっても初めて臨む地域が多かったとはいえ、「小里」の知名度は抜群だったはずである。典型的な世襲議員だからだ。小里氏の父は、九州新幹線などの整備新幹線に携わってきたことで「ミスター新幹線」と呼ばれた貞利氏。県内で「小里」の名は知れ、小里氏本人も当時は5期目をめざす中堅だった。野間氏は言う。「いつの間にか、小里氏が私のまねをしていた。それだけ名札の効果はあったのでしょう」。

この年の衆院選では小里氏は10万2千票余り、希望の党公認だった野間氏は9万票余り。巨大な名札をつける、野間氏の姿に学んだ小里氏が競り勝った。

変わり続けた所属政党

そもそも野間氏とはどういった人物なのか。その政党遍歴は、非自民勢力の迷いと軌を一にしている。

1981年、慶應義塾大学を卒業後、商社の兼松で10年間働いた。しかし、政治とカネをめぐる問題にうんざりし、「経済活動でいくら頑張っても政治のせいで経済が駄目になる」と感じ、91年松下政経塾へ。93年衆院選の旧東京5区に出馬した。小沢一郎氏らが自民党を離党し、新生党など新規参入の政党がひしめく中、野間氏は無所属だった。定数3に12人が立候補する乱立区で、34歳での初陣は、当選ラインには遠く及ばぬ8位。ちなみに3番目で初当選を果たしたのは、後に公明党幹事長になる35歳の石井啓一氏だった。

次の国政挑戦は2005年の衆院選だった。選挙区は祖父の出身地である鹿児島県日置市伊集院町を含む鹿児島3区。小泉純一郎首相がもくろむ郵政民営化をめぐり、自民党が分裂を強いられた郵政選挙で、鹿児島3区は分裂劇が繰り広げられた舞台の一つだった。もともとは宮路和明、松下忠洋両氏との間で、小選挙区と比例区で交互に立候補する「コスタリカ方式」が採用されてきたが、宮路氏は郵政民営化に賛成、松下氏は反対したことを受けて、05年は両者が鹿児島3区で直接対決することになった。自民分裂に国民の注目が集まる中、野間氏は民主党公認で出馬。9万票あまり獲得して6選を果たした宮路氏に遠く及ばぬ3万1429票で最下位の3位に沈んだ。

落選後、東京で働いていたが、郵政選挙で共に落選し、政界引退を表明していた松下氏から突然、「私はもう一回、挑戦する。君は何をしているんだ」「もう一度がんばってみないか」と電話があり、翌日には仕事を辞め、松下氏の陣営に入り、選挙を協力。09年に松下氏が国民新党公認で当選し、永田町に復帰すると、秘書に就いた。しかし、12年9月、週刊誌から私生活上の問題の取材を受けた金融相の松下氏が自殺。同年10月の衆院補選に国民新党公認で立候補した野間氏は、松下氏の仇敵《きゅうてき》・宮路氏に敗れたものの、直後の同年12月に行われた衆院選で雪辱を果たし、初当選した。国民新党の政調会長などを歴任したが、与党・自民党に接近する国民新党執行部に嫌気が差し、離党。無所属で臨んだ14年衆院選では再選を果たした。17年は、小池百合子東京都知事が立ち上げた希望の党から出馬したが、落選。21年に立憲民主で3選を果たした。

「自民党に入りたいなら3千万円は持っていかないと」

野間氏は有権者から、しばしば「野間さんは何党？」と聞かれる。代名詞である胸の巨大名札には政党名は書かず、「野間たけし」とだけ。名刺にも党名は記していない。加えて、いくつもの党を渡り歩いた経歴も影響しているのだろう。野間氏は、党名を聞かれると、少し冗談めかして「私は自民党。私が本当の自民党なんですよ」と答えるようにしているという。

野間氏の真意はこうだ。「私が考えているのは生活保守だ。ごりごりのイデオロギー保守じゃない。小泉純一郎首相の改革以降、自民党は壊れ、地方の疲弊が目立つ。田中角栄さんとか、鹿児島で言えば二階堂進さん（元自民党副総裁）や山中貞則さん（元自民党税調会長）が活躍した時代の自民党は良かった。それが本当の自民党だ。私も幸いなことに、松下さんの後継者になり、自民党を応援してくれた人たちが今も応援してくれている。とにかく、地域の生活を守る、生活保守だ。そういう感覚で地域活動をしている」。

野間氏には「自民党」の香り、それも、本書で示してきたような地方議員たちに引き継がれている「昔の自民党」の香りがするからだろうか、支援者からは、しばしば「自民党に入ったらどうか」と言われることもある。しかし、ある出来事に遭遇して以降、「自民党には入らない」と心に決めている。14年衆院選で無所属で当選した2期目、永田町で起きた出来事が理由という。

「ある人から、『自民党の○○さんにあいさつに行け』と言われた」。紹介者の顔を潰すわけにもいかないと思い、面会に行った。言われた通りにあいさつに行って戻ってくると、その仲介者から尋ねられた。「野間さん、いくら持って行った？」。あっけにとられて「いやー、私はただ、名刺だけ……」と答えると、「それじゃダメだよ、君。自民党に入りたいんだろう。手土産を持って行くのは常識だ。3千万円ぐらいは持って行かないとダメだよ」と言われた。もちろん、表の政治資金の話ではないだろう。そもそも落選を重ねてきた野間氏は多額の借金こそあれ、3千万円もの大金は手元になかった。野間氏は仲介者に「私にお金はないですから、これ以降は、こういうことを勧めないで下さい」と告げたという。

それからは余計、意地になって「自民党と戦って勝とう」と思うようになった。お金のある人や世襲議員しか、国会議員になれないような自民党であれば、入党する気持ちにもなれなかった。

この事例は、無所属でも勝ち上がった野間氏を何とか取り込もうとする、自民党の吸引力の強さの表れとも言える。

「日本一の御用聞き」

野間氏は巨大な名札によるアピールを続けているが、もちろん、それだけで小選挙区を勝ち抜けるはずもない。ましてや、鹿児島は全国有数の自民王国であり、相手は「地盤・看板・カバン」のいずれでも勝る世襲議員である。

野間氏が大切にしているのは「御用聞き」である。

「これからも『あなたと一緒に、地域と一緒に！』皆様の声を政治に届ける『日本一の御用聞き』として全力で頑張ってまいります！」

野間氏が2022年に作った、地元向けの活動報告のあいさつでは、自らを「日本一の御用聞き」と強調した。

野間氏は「与党でないと仕事が出来ない」とは思わない。新幹線や高速道路のような巨大プロジェクトならば、与党でなければ難しいが、インフラが一定程度は行き渡った現代ならば、巨大事業はほとんどない。実感として有権者からの陳情で最も多いのは、道路。それも道路の建設ではなく、壊れた箇所の修繕がほとんど。河川の修繕をめぐる陳情も多く、「日常の陳情の8割は道路と河川のメンテナンスだ」。陳情を受ける際に心がけているのは「ワンストップサービス」と胸を張る。「一般の住民は、国が管理している国道なのか、県が責任を持つ県道なのか、はたまた市道なのか、区別はつかない。『とにかく困ったことがあったら、言ってきて欲しい』と有権者には伝えてある」。

地権者300軒を自ら回る

道路の修繕を超える大型の事業に積極的に関わった事例もある。14年衆院選で再選された後、無所属の時代に携わった道路の拡幅工事。何十年も前に、地元では道路幅を広げる希望が出たが、土地買収に対して反対する地権者がいて頓挫していた。その後、近くにショッピングセンターもできて、交通量が増加。地域住民から「野間さん、なんとかしてくれ」と要請があったため、野間氏は拡幅に必要な周辺地の地権者300軒を自ら回り、土地買収を認めるためのハンコを全部集めた。鹿児島県の担当部長に持参したところ、冷たい反応だった。

しかし、約1週間後の日曜日、部長は、その道路に自ら出向き、増加した交通量を自転車で視察。死亡事故が起きていたことも確認され、部長は陳情から1カ月後、拡幅工事を約束してくれた。「『与党じゃないとできない』とあきらめてはいけない。行政がやらざるを得ないように、いかに持って行くか。やる気が大事だ」。

地域の道路や河川の陳情をこなすなんて、国会議員のやることか。国会議員ならば、外交や安全保障、憲法改正、社会保障といった大きな課題に取り組むべきではないか——。ちまたでは、そんな声を聞くこともあるが、地域住民の困り事を解決することの積み重ねを無視しては、選挙で勝てず、外交や安保といった国が直面する課題に取り組むチャンスすら与えられない。

野間氏を通じて見えてくるのは、そうした現実である。

「どぶ板を徹底させないと、この党は強くならない」

「道路のメンテナンスの陳情なんて、自民党の県議や市議も大して引き受けていない。鹿児島市のような都市部の議員ならともかく、定数1の田舎を選挙区とする自民党の県議はいったん当選すると『自分は自民党だ』とあぐらをかいている」と野間氏は言う。衆院が中選挙区だった時代は、自民党の国会議員同士も同じ選挙区で争っただけに、与党議員として行政とのパイプを誇るだけでは勝てず、具体的な実績を競い合った。しかし、現在の小選挙区では、その選挙区にいる自民党の衆院議員は一人だけ。実績を残さずとも国とのパイプをアピールすれば、事足りるようになったのかもしれない。1人区選出の県議なら県とのパイプをアピールするだけで、有権者の何となくの支持を得られるのだろう。一方、パイプを強調できない野党議員は具体的な実績を積み重ねるしか、有権者の信頼は得られないのだ。

枝野幸男代表の後任を争った立憲民主党の代表選で、候補の一人だった逢坂《おおさか》誠二氏は、自らが代表に就任した場合の課題として「どぶ板」の必要性を何度も強調した。「どぶ板を徹底させないと、この党は強くならない。国民に信頼されない。だから地域の課題を、どんな小さな課題でもいいから具体的なものをこうやって解決をしたんだと。とにかくどぶ板に徹することが大事だ」。

野間氏が選挙に強いのは「日本一の御用聞き」を掲げ、どぶ板を徹底してきたことが理由の一つであることは確かだろう。

役所OB、野党支持者の根っこを狙う

永田町でよく語られる法則に「9・6・3の法則」がある。野党候補が自民候補に勝つためには、野党支持層の9割、無党派層の6割、自民支持層の3割から得票する、という

目安のようなものである。

無所属だった野間氏が自民の宮路拓馬氏に勝った14年衆院選では、朝日新聞の出口調査によると、野間氏は民主支持層の86%、無党派層の77%、自民支持層の41%から票を得た。「9・6・3」をほぼ上回っている。自民の小里氏に競り勝った21年衆院選でも立憲支持層の94%を得たほか、自民支持層からも28%の票を獲得している。

幅広い支持層から票を得るために、野間氏は各層へのアプローチを怠らない。労組OB、とりわけ役所勤めを終えた自治労OBは町内会・自治会の役員を務めることによって自民党支持に傾いていく事例を先に紹介したが、野間氏は、そんな元「野党支持層」のメンテナンスにも気を抜かない。「役所のOBは、比較的いい額の年金をもらっているし、いい家に住んでいる。地域を回ればわかる」。役所OBは地元の世話役になり、町内会長や自治会長を務める例が少なくないと感じる。21年衆院選では、そうしたOBを訪ね歩いた。「かつて労働運動に取り組み、野党を支持していた人たちは、根っこが残っている。そういう意味では、自治会幹部として自民と付き合うが、ガチガチの自民党支持じゃない。きちんと回れば、応援してくれる」と感じた。

野党支持層を固め直すとともに、自民党支持層や無党派層へのアプローチも手を抜かない。

野党議員は無所属の地方議員に「ため書き」を送らない事例が多いと先に記したが、野間氏は全く違う。市議選でも町議選でも、市長選でも、町長選でも、すべての候補に送るという。労働組合の連合の支持を受ける候補はもちろん、自民党籍のある候補、公明や共産の公認候補にも送る。落選していた時は、自ら候補の自宅や事務所に持参した。ため書きには、立憲などの政党名は記さず、顔写真付きのものを送る。1枚700円程度。全候補に送るとなれば、費用もバカにならない。それでも送るのは「あの人に送って、この人に送らないのは、まずい」という思いもあるし、「市議選では自民候補を応援するが、衆院選では野間を応援するという人が地域にはいる。だから、私のため書きであっても張ってくれる自民候補がいる。もちろん目立たないように隅っこが多いが」。張ってくれない候補ももちろんいるが、それでも送り続ける。

自民党籍のある地方議員とも水面下でつながることがある。「自民党の地方議員には、自分の党の国会議員を面白く思っていない人もいる」と言う。そういう議員は「自分の地元で手引きするのは、まずい」と言いつつ、隣の町の有力者を紹介してくれるという。

野間氏は「イデオロギー保守」を否定しながら、憲法改正をめざす保守系団体「日本会議」のメンバーとも付き合う。「日本会議は立憲のことは大嫌いでしょうが、それでも、日常的には意見を交わすことも少なくない」。先方から「今日は、こういう会議があるから、来ませんか」と誘われることもしばしばだ。日本会議側も、保守的な層だけでは広がりを欠くと考え、立憲側にもウィングを広げようとしているようだ。野間氏は「理念が嫌いだからといって付き合わないことはない」と語る。

こうした「雑食性」としての強さが、野党議員の必勝の法則である「9・6・3の法則」を実現させているのだろう。

党勢拡大のジレンマ

選挙区で左胸につける大型の名札にも、名刺にも、地方選の候補に送るため書きにも、「立憲民主」の文字はない。松下政経塾を創設した松下幸之助の教えから「政治は人だ」と考え、「党の前に大事なのは人だ」と思うからだ。

党内では小沢一郎氏が率いるグループに所属する。地盤を譲り受けた松下忠洋元金融相や、地元・鹿児島3区に工場がある京セラの稲盛和夫氏が、小沢氏と深い関係にあることが大きい。「国民の生活が第一」を掲げ、田中角栄元首相の流れをくむ小沢氏の政治姿勢と、生活保守を掲げる野間氏の考えが一致していたこともあるのだろう。

21年衆院選では、小沢氏や、親交があった泉健太政調会長が応援に入ってくれた。選挙戦の最終盤、「野間氏は勝てる」と見込んだのか、枝野幸男代表が鹿児島3区に入りたいとの意向が党から伝えられた。枝野氏は、野間氏が名札にも、名刺にも、ため書きにも記さない「立憲民主党」の象徴的存在だった。自らを支持する保守的な後援者は「枝野さんはなあ……」「枝野さんは呼ばない方がいい」という声が多かったが、むげに断るわけにもいかず、応援に来てもらった。

立憲民主党の看板にできるだけ頼らないようにしている野間氏にとって、難しいのが党勢拡大の運動である。立憲を押し出せば、保守系の支持者が離反する恐れが生じるジレンマを抱える。党からは、党員などを年間350人獲得するようノルマが課されている。年間の党費4千円の党員である必要はなく、年間2千円の協力党員（サポーターズ）でも、年間500円のパートナーズでも構わないという。野間氏は自らに近い支持者にこう言って頭を下げている。「立憲民主の好き嫌いと関係なく、ノルマがある私のために、入ってくれませんか」と。

自民党も所属国会議員に年間の党員獲得のノルマを課しているが、立憲の3倍の年間1

千人。それも自民側は、年間の党費4千円の党員のみで、サポーターズやパートナーズのような「割引」もない。自民の国会議員の中には、知人に名前だけ借りて党員として、党費を議員自らが肩代わりしてノルマを果たそうとする人も少なくない。野間氏も自民党のように自らが肩代わりしたいのだが、立憲はそれを許してくれないのだという。「本当に党員なのか、サポーターズなのか、党が本人に電話などで確認する。肩代わりできない」と嘆く。こんなところにも、いい加減さが特徴の自民と、ルールに厳格さを求める立憲の違いが出ている。

選挙に勝つためには「立憲民主党」の看板を押し出すとマイナスが生じかねない。かといって、所属組織のルールも無視できない。野間氏の苦悩が消えることはしばらくないのだろうか。

「立憲民主党は末期的」

党の看板をできるだけ「隠す」ことで有権者にアプローチする野間氏のような手法がある一方、野間氏と同じくかつては民主党に所属しながら、21年衆院選では政党を「捨てる」ことで有権者の支持を広げた議員もいる。茨城1区で、自民党前職を破り、3選を果たした福島仲享《のぶゆき》氏は支持者らを前にこう語った。「政治の歴史に新たな1ページをひらく選挙だ」「国民が既存政党に不満を持っている。政治刷新のために、命がけで行動する」。

17年衆院選では希望の党から立候補したが、比例復活もかなわず、4年間の浪人を経験した。その間、「野党が一つになって自公と戦う状況になっていない」として、あえて無所属を貫き、「党より人物」をキャッチフレーズに自民党支持層の切り崩しに努めた。朝日新聞の出口調査によれば、1区での投票者の半数弱を占めた自民党支持層から3割近くを獲得した。福島氏の戦略が的中したといえる。

福島氏は「政権に対抗する大きなまとまりを作る起爆剤、接着剤の役割を果たしたい」として、当選後も無所属のままだ。いずれも小選挙区から当選した旧民主党議員の経験がある無所属5人で、会派「有志の会」を立ち上げた。

福島氏の言葉はかなり強烈だ。特に「批判ばかり」との批判を恐れて腰が定まらない立憲民主党に手厳しい。22年2月15日のブログにこう記した。

「今の野党の国会対応の状況はバカバカしくて見ていられない」「与党側は、あまりにもチョロくて笑いが止まらないだろう。とりわけ、ちょっとした報道と、それに対するネットの反応で右往左往する立憲民主党は、末期的な状態であると言わざるを得ない。国会対応に対する腰の据わった戦略がないから、こうなるのだろう。国会での闘争に向いていないのではないか。野党第一党としての議席を持っているのだから、もっとしっかりと与党と対峙してほしい」

森友追及し、送られてきた7通の生命保険

福島氏はかつて民主党に所属。立憲民主には昔の仲間も多いが、「末期的」などと厳しい言葉を浴びせるのは、身を削るようにしながら政権追及に臨んできた経験と、それに裏打ちされる自負があるからだろう。福島氏が安倍晋三首相から引き出した言葉を覚えている人は多いと思う。

２０１７年2月17日、衆院予算委員会で、民進党議員だった福島氏は森友学園の土地取引問題をめぐり、安倍首相を追及した。この中で、安倍氏は同学園が新設予定の小学校の名誉校長に妻の昭恵氏が就いていることを「承知している」と説明した上で、「私や妻が関係していたということになれば、首相も国会議員も辞める」と述べた。森友学園をめぐる公文書改ざん問題の報告書によると、この答弁を受けて、財務省内で昭恵氏の名前が入った書類の確認が行われ、その後の公文書改ざんにつながった。

起点を作った福島氏は「私や妻が……」発言後も、この問題を追及した。すると異変が起こった。地元・水戸の事務所に頼んでもいない健康サプリメントが届くようになった。自分が申し込んだ覚えのない生命保険の加入書類も7通届いた。誰かが福島氏の名をかたり、生保会社に請求したものとみられ、福島氏は「『命に気をつけろ』という暗示だと思った」と語る。そうした経験をしてもなお、いや、そうした経験をしたからなおさらか、福島氏は「野党は批判ばかり」との指摘を恐れる立憲民主党が歯がゆい。22年2月22日に朝日新聞デジタルで配信されたインタビュー「提案型野党なんてクソ食らえ」の中でこう語っている。

「政策を提案したいならシンクタンクで働けばいい」「与党になって自ら掲げる政策を実現するため、政治闘争を挑むのが本筋」「政権を倒すことを目的にした批判、権力構造の本質を突く批判は体を張ってやらなければならない。野党時代の自民党は、そうだった。『批判ばかり』と言われておじけ付くなら、政治家をやるべきではない。民主政治の危機になる」

党員サポーター6人からのスタート

強烈なパンチを古巣に繰り出す福島氏の初出馬は2003年衆院選、33歳のときだった。菅直人氏が率いる民主党と小沢一郎氏が党首を務める自由党による「民由合併」で生まれた新しい民主党の候補だった。選挙区は水戸市を中心とする茨城1区。03年10月30日の朝日新聞茨城版に載った候補者の横顔にはこう書かれている。

◆理念持ち方向決定　福島伸享氏　民新

7月に官僚を辞めて立候補した。「霞が関を脱藩した」と表現する。／経済産業省と内閣官房で仕事をした。強く感じたのは「課題に対する決断を、政治家が官僚に丸投げしている」ということだった。「名前が出ない官僚が国を動かしている」という違和感が残った。／「国の方向性を決められるのは、選挙で選ばれた政治家だけ。だから、政治家は理念を持ち、国の方向性を打ち出すべきだ」と考える。尊敬するのは中曽根康弘元首相、小沢一郎旧自由党首ら「理念ある薫りのする政治家」だ。／立候補を決めてから、中学や高校時代の友人から「いつかはこの日が来ると思っていた」と言われた。高校時代、生徒の校歌反対運動に、逆に反対するチラシをまいていたこともあった。／大学時代はヨットに没頭し、年間200日近くを海で過ごした。趣味はアジア放浪。タイ

や ベトナム、韓国料理などは自ら作る。ラーメンの食べ歩きも好きだという。

福島氏が候補予定者になった時点で、選挙区である茨城1区の民主党の地方議員は、その年の統一地方選で初当選したばかりの水戸市議1人だけ、そして党から渡された党員サポーター名簿に載るのも11人だけだった。水戸に到着した初日に「11人全員にあいさつに行こう」と訪ねたが、書かれた住所に住んでいたのは6人。福島氏は言う。「野党なんて、いない選挙区だったんですよ」。

選挙区は「しらみつぶし」に回る

福島氏は選挙区回りを「サファリパーク」にたとえる。通産官僚時代にケニアに出張した際、草原地帯を車で移動している時の感覚に似ているからだという。「サバンナを車で移動しても、動物は見えない。草原が広がっているだけ。でも、何か視線を感じるので、車で通り過ぎた後を振り返ってみると、茂みの中から動物が出てくる。地元の有権者も同じ。政治家が回っている姿をじーっと見ているんです。例えば、貧しそうな家を回らなかったとか、瓦屋根が落ちそうな家やゴミ屋敷は飛ばしたとか。そういうのを全部見られている」。だから、福島氏は、一つの集落に行けば、必ず全戸を回るようにしている。「例えば200軒あれば、200軒。回っていない家があれば、その人を敵に回す」。

しらみつぶしでなければ選挙区回りの効果が少ないどころか、逆効果になることに気づいたのは03年、05年と衆院選で2回続けて落選した後のことだ。その2回の選挙では、つてを頼りに必死になって作り上げた支援者名簿や高校の同窓会名簿をもとに選挙区を回っていたが、「3回目は最後の挑戦。一軒一軒全てを回ろう」と開き直った。使ったのは、住宅地図と四色ボールペン。一軒一軒ごとに訪問日を記す際、ポスターを貼ってくれるなど強く応援を約束してくれた世帯は赤色の文字で、「一票、入れるよ」と言ってくれたら緑色、「頑張って下さい」という一般的な反応の場合は青色、不在の場合は黒色といった具合だ。パンフレットを受け取ってくれなかった世帯には「×」をつけた。

「あなたは、これまで支持者の家ばかり回っていたよね」と言われたことがあるわけではない。ただ、しらみつぶしに回ることによって、有権者たちは、その政治家が本気かどうかを見ている、ということに何となく気付いた。福島氏は言う。「言葉にすれば安っぽいが、『この人は、全てを捨てて人生をなげうっている』『この政治家は、人生をかけて、国のため、地元のため、私たちのために議員になろうとしている』という風に相手に信じさせないと、他人は自分にはついてきてくれない」。

高校の同窓生や党の支持者に頼ってばかりでは、有権者は「福島という政治家は本気だ」とは見なしてくれない、というわけだ。「多くの政治家は、全てを捨てたつもりになっても捨てられていないものがある。人間としてのプライドだったり、学歴の誇りだったり、家族の幸せだったり」。徹底的なローラー活動に取り組む福島氏から全てを捨てている必死さが感じられるためか、有権者から「なんで、こんなことをやっているのか」と尋ねられることがある。福島氏は笑って、こう答える。「悪い霊が私についているんです。自分の幸せや家族の幸せを追い求めても全然面白くないんです」。

バケツの水を「さいばし」でかき混ぜる

福島氏によると、衆院茨城1区には約15万軒ある。2度目の落選だった05年衆院選以降、09年衆院選まで約4年間で、半分以上の8万軒を回った。「立派な家に住んでいる人が必ずしも立派なわけではない。質素な暮らしをしている人に立派な人も多い」。福島氏が通っていた高校は、歴史と伝統を誇る県内随一の進学校である県立水戸一高。福島氏が「このままでは、この国はダメになる。政治を変えないといけない」と同級生に訴えれば、意識の高い彼らは「そうだ」と言ってくれる。しかし、福島氏は「そんな人たちばかりと話をしていてはいけない。それ以外の人たちの思いが分からなくなる」。自分に近い経歴や問題意識を持った層以外の人たちの思いを受け止めるのが政治だ――。いつしかそう考えるようになった。

一つの選挙区から3~5人が当選する、かつての中選挙区ならば、自民党同士でも戦うため、必死のどぶ板選挙が必要で、たとえ2世政治家だったとしても、地元活動を怠れば、いずれ落選の憂き目にあった。福島氏は「かつては政治家になるためには、自分をさらけ出し、有権者の心を動かさねばならなかった。『正しいこととは何か』を競い合う弁論大会ならばAIでもできるが、政治は弁論大会ではない。人を説得し、納得させ、あきらめてもらうのが政治家の役割だ。かつては、その部分を鍛えねば当選できなかった」と語る。厳しい選挙を重ねることで人を説得し、納得させる力を鍛えることは、かつては「政治家になるための通過儀礼」だった。

しかし、政党同士の競い合いが基本の小選挙区制では、有権者の心を動かすための通過儀礼を経ていない議員が多いと福島氏は感じている。「権力をあずかる政治家は、人の心を動かす力がないとダメだ。そのことは今も変わっていないはずだ」。

初出馬の時、先輩政治家から「選挙というのは、バケツに水を入れて、『さいばし』で回すようなものだ。最初は、さいばしだけが回る。それでも夢中で回さねばならない。そうすると、そのうち、水が回る。君もポツンと一人で地元に戻って、最初は箸がグルグル水の中を回るだけだろうが、みんな、その姿を見ている。そのうち、みんなついてくる」と言われた。

確かにそうだった。2度落選し、背水の陣を敷いて、しらみつぶしの全戸訪問を始めた3回目の挑戦の時のことだ。「実は、昔はNTTで組合の執行委員をやっていたんだよ」「私も実は若い頃、組合活動に熱心だったんだよ」と打ち明けられることが増えた。現役のサラリーマン時代は組合活動で野党を支持しても、定年退職して地域に戻れば、町内会・自治会の活動を通じて自民党支持になる傾向がある。福島氏も「バリバリの自民党支持者だと思ったら、実はかつては野党支持者だった人もいる。私の後援会には、そういう人が多い」。一念発起してローラー作戦に踏み切らなければ、アプローチできなかった層かもしれない。

自民党は地方議員も含めて、引退した労組幹部を町内会を通じて取り込もうとする。野党勢力にとって、そうした人たちをいかに引き留めることができるかの重要性が、福島氏のエピソードに表れている。

初当選と慢心と挫折

福島氏は民主党が政権を奪った09年衆院選で初当選した。民主党への風が吹いていたことに加え、4年間で歩き回った8万軒の訪問に効果があったと考えている。選挙期間中、浪人だった際の訪問時にお茶を勧めてくれた人が、自分のことを息子のように思ってくれていたこともあった。福島氏も「この間はお茶をありがとうございました。癒やされました」と街宣車のマイクでお礼を言うような関係があちこちにできていた。

それだけに、風だけで初当選してきた、他の1年生議員と違って、盤石な地盤を作り上げていたと思っていた。しかし、12年衆院選では完敗。10万票あまりを奪った自民候補に対し、自身は約6万6千票で終わった。09年の約15万票の半分にも届かず、比例復活すらかなわなかった。福島氏は有権者から何度も言われた。「前回はうちに来てくれたけど、今回は来なかった」「前回は、支援を頼まれたけど、今回は頼まれていないから、投票できないよ」。11年の東日本大震災の復興対策で東京を離れられず、地元活動がおろそかになっていた。そもそも03年に初めて立候補する際は「10年間は当選できない」と思ったが、

6年間で当選したことによって「慢心があった」ともいう。

14年衆院選は民主党から出馬し、小選挙区では敗れたが、比例で復活。17年は希望の党から出馬し、小選挙区、比例とも落選した。

街宣車による「地盤のメンテナンス」

09年の初当選までの4年間で8万軒の有権者を訪問した福島氏は、17年の落選後は、バイクで3万5千軒以上を回った。これで1区内の15万軒のうち、12~13万軒を一軒一軒、訪ねたことになる。いまは残りの数万軒を回りつつ、一度回ったところは街宣車で走るようにしている。合併前の旧市町ごとに丸一日かけて、全ての路地に分け入り、連呼はしないが「福島伸享」の名前をしのばせながら、国政について報告する。

午前9時から午後5時まで、自らがマイクを握り続け、顔見知りがいれば「この前はありがとうございました」と声をかける。「一度、一軒一軒尋ねたところは、街宣車で回れば、もう一度、一軒一軒を訪れたことに準じた感じになる」という。ローラー作戦を始めたのは05年衆院選の落選後。最初に回った地区は10年以上が経ち、街宣車による「地盤のメンテナンス」が必要ということなのだろう。

選挙区内にいる無所属の市町議のほとんどは自民党員だ。福島氏によると、衆院茨城1区では、市議選で初当選すると、自動的に自民党の入党届が配られるという。「共産党、公明党以外は自民党なんですよ。入党届に記入しないと、他の議員から『変わり者だね』と言われて、議会でつまはじきにされる。自民党っていうのは、主義や理念で結びついているわけじゃないから」。

地方選では、自民党籍のある保守系無所属の候補全員にため書きを送るが、自らの衆院選では地方議員の集票力は、あてにしていない。「野党には『自民党は党がしっかりしていて、国会議員、県議、市町村議、そして末端党員まで、ピラミッドの強固な組織がある』と言う人がいるけれども、そんなことはない。自民党の地方議員の支援者なんて、ほとんど無党派だから」。先に詳述したように、確かに保守系無所属候補が自民党籍を持つのに「無所属」を名乗るのは、自らの支援者には様々な党の支持者がいるからである。無党派も多い。

地方議員に頼らなくて済むのは、全戸訪問作戦を進めることで、福島氏が有権者と直接結びついていることが大きい。「自民党の国会議員は一軒一軒回ることなんかしない」という。具体的には、こうだ。例えば、福島氏が一軒ずつ訪れ、有権者が作った、たくあんを食べたとする。その人は「自宅に訪ねてくることもない自民党議員より、たくあんを食べてくれた福島を応援したい」となる。自民党籍のある市議や町議が「『福島を応援する』なんて、言わず、次の衆院選では自民候補を応援して欲しい」と頼んでも「福島を応援したい俺の気持ちを無視して、あなたが自民党を応援しろと言うなら、次の市議選では、あなたを応援しないよ」と言われる。そうなると、市議や町議はいくら自民党員といえども、自民支持に向けて簡単には動けない――というわけだ。

福島氏は「自民党の国会議員も地方議員はあてにしていないはずだ。もし、自民党の地方議員が組織的に動くのであれば、河井事件も起きないし、京都のようなこともあり得ない」とみる。19年参院選広島選挙区での河井夫妻による地方議員の大規模買収事件や、国会議員から地方議員への政治資金の配布が明らかになった自民党京都府連の事案は、同じ自民党所属であってもカネでなければ国会議員が地方議員を動かせない、という分かりやすい事例だという。

肩書ではなく「人」を見る

一方で地方議員たちと、無駄に敵対する必要もない。保守系の地方議員は割れやすく、市議会や町議会で保守系会派が二つ以上できることがある。福島氏は「割れた方の一つの会派の人たちと、まるまる仲良くするようにしている」。保守系議員との関係を築くとき、立ちはだかるのは、例に漏れず野党系の地方議員だった。

「民主党時代は、それぞれの市町に、一人ずつぐらいは議員を作ろうとした。連合の推薦があれば、一人は当選させられるから難しくはない。しかし、民主党から市議になろうとする人たちは変わり者や嫌われ者も多いから、その人が一人当選しちゃうと、他の議員全員を敵に回すことになりかねない」

ある保守系議員から、その議会の民主党議員の名を挙げられ、「『あいつ』のことは嫌い。福島さんのことは好きだけど、福島さんが『あいつ』を応援している限り、あなたを応援できない」と言われたこともある。

しらみつぶしに回ることによって分かったことは、他にもある。町内会や自治会のトップよりも、肩書とは関係のない地域の顔役、いわゆる「面倒見のいい人」と、いかに関係を作るかが大事である、ということだ。福島氏は「めんどくさい人は社会で嫌われる。正論をぶつ人は疎んじられるが、そういう人は得てして野党支持者。『立派な政策論を語るけど、友だちがいない』という人ではなく、集会を開くと頼んだら『俺、いまから携帯電話で仲間を10人集めるから』という人をどれだけ引き込めるかがカギだ」と語る。そもそも、かつてと違って、町内会、自治体そのものが崩壊しつつあり、町内会長のようなポストに就きたがる人は減った。「肩書でなく純粋に『人』を見ないといけない」と話す。

自民党という「システム」が残った問題点

福島氏は言う。「09年に政権を取った時に、ずっと権力を握り続けていけば、必ず自民党は壊れると思った。予算編成を10年やり続けたら、自民党のシステムはなくなるだろう、と」。自民党から距離を置く地方議員もいたし、国会レベルでも与謝野馨氏ら自民党を離れる議員がいた。医師会や農協など自民党支持一辺倒だった業界団体も、民主党との距離を探り始めていた。「いわゆる自民党的利権配分システムは、民主党がもう少し権力を握っていれば壊れたはずだ」。

民主党が政権を10年程度、維持していたとしても、自民党のような利権システムにはならなかったとも考えている。いくら力が陰るとはいっても自民党は残る。政権交代がいつでも起きうる二大政党が競う政治体制になれば、業界団体や地方議員を含む国民は「選択」を迫られる状況になっていたと思う。「自民党が政権を握り続ける状態では、『権力を握る自民に寄り添っておけばいいや』と思うか、『遠くから負け犬の遠吠えのように自民を批判しておけばいいや』と思うかしかない」。

それが二大政党になれば、政権を「選ぶ」ことを迫られる。そうなれば、国民は選んだ責任を負わなければならないし、結果も受け入れるしかなくなる。業界団体も大きく二つに色分けされるはずだった。

福島氏は言う。

「例えば、医師会と経団連が同じ党を支持するなんて、本来はあり得ない。医師会は本来は配分を重視し、等しく医療を供給しましょうと。経団連はなるべく経済的効率を上げましょうと。その二つが同じ党を支持することはないはずだ。もし、自民党一党による利権配分のシステムが崩れていけば、医師会はリベラルな政党を支持するようになり、経団連は保守的な政党を支持しようとなったはず。いろんな移動が起き始めて、自民党を黙って応援していた人が価値に基づいて支持政党を選ぶようになっただろう」

しかし、民主党は3年3カ月で下野。党は四分五裂し、自民党の「1強」状態は永続的に見える。「残念ながら自民党による利権システムが戻ってしまったというのが、この国にとっても大きな不幸だと思う」と語る。

「夏祭りの振る舞い」で自民か野党か分かる

立憲民主党の小沢一郎衆院議員と行動をともにしてきたある元市議は、小沢氏から「歩け、そして地域の声を聞け」とたびたび言われてきた。自身でも「それこそが政治の基本だ」と思う。実践して気付いたのは「行く先々の小さな集会で会うのは、自民系の人ばかり」ということだった。野党系、特に労働組合系の議員とはほとんど顔を合わせなかった。この元市議は言う。「そもそも、小さな集会は、地域に後援会を持たないと情報が入ってこない。後援者の手引きがなければ、私も小さな集会の開催を知り得なかった」。

労組系の議員は、どうしても、自らが支持を受ける労働組合を向きがちだ。民主党県連の幹事長を務めたことがある地方議員経験者は、「野党の議員は『この組合は、この人を支持』と決めて、一人の議員が、その組合の支持をすべて持ち去る。しかし、自民党をはじめとした保守系議員は、一つの団体であっても、複数の議員や候補で支持を奪い合う」と解説する。

旧民主党の職員は「民主党の地方議員は行政の公式行事には呼ばれるが、町内会のような任意団体には呼ばれない。町内会のような身内で固める非公式の組織で、リーダーシップを発揮する人は、いずれ自民系の地方議員になるケースが多い。町内会のような任意団体にとって自民系議員は、内輪の仲間。一方で、野党議員は外側の人」と語る。「象徴的なのが、夏祭りでの振る舞いだ」という。自民党議員は「相手との関係性」を重視するから、必ず、祭りの主催者に頭を下げて、関係者と雑談を繰り返していくが、旧民主党系の議員は「露出の数」で勝負しようと、白い目で見られながら、会場の外で法被《はっぴ》を着てビラ配りをするという。

「相手との関係性」を大切にすること、つまり、地縁血縁を生かし、関係性を作り上げて、選挙基盤を強化することは自民党系議員のお家芸であろう。

地元に根差した知識

21年衆院選で、野党候補として勝ち上がってきた鹿児島3区の野間氏や茨城1区の福島氏は、政策論をつむぐよりも、人間関係を作り上げてきた。自民党と同じようなやり方で支持を広げたわけだが、こうした手法は、何も日本ばかりではなさそうだ。

マイケル・イグナティエフ氏がつづった『火と灰　アマチュア政治家の成功と失敗』（添谷育志・金田耕一訳）に詳しい。イグナティエフ氏は米国ハーバード大学教授だった際、故郷カナダの野党・自由党から担ぎ出され、党首となる。党首として臨んだ2011年5月のカナダの下院総選挙。ハーパー首相が率いる与党・保守党が、単独過半数を獲得する一方、自由党は議席を半分に減らした。保守党がイグナティエフ氏について「英米暮らしが長く、カナダのことを知らない」と狙い撃ちしたことが影響したとされる。その後、ハーバード大に戻ったイグナティエフ氏が「分析的回顧録」として記した本が『火と灰』だった。

同書でイグナティエフ氏いわく、「良き政治家は、解説書では学ぶことができないような国に関する知識を身につけるようになる」「ほとんどの形態の政治的専門知識は、地元に根差した《ローカルな》知識ほどには重要ではない。地元に根差した知識とは地元に根差した政治的伝承の詳細な政治的知識、つまり具体的には、地位のある人や権力ブローカー――市長、高校のコーチ、警察署長、大企業の雇用主――の名前のことであり、演台ではつねに彼らの名を挙げなければならない。偉大な政治家はローカルなものに精通していなければならない」「政治は身体的なものであり続けなければならない。なぜなら信頼とは身体的なものだからである」。

このイグナティエフ氏の「ローカル論」を読んだ時、立憲民主党スタッフの言葉を思い出した。「野党の政治家は、個別のことより全体を語ろうとする。個別論を語ると、自民党の政治家に負けちゃうから。だって、地方議員も含めて、自民党議員は、その土地のチャンピオンだから、個別論では勝てっこない。だから、野党議員は頭でっかちに見えちゃう」。

イグナティエフ氏は、政治家個人の人間としての魅力についても論じた。ビル・クリントン元米大統領の「ひとたらし」の思い出について、２００２年に、クリントン氏を、ダボス会議の部屋に案内した時のこと。「私は名前――たんに名前だけではなく、家族の物語全体――を覚える彼の能力に驚嘆した。その間も彼は握手をしたり、屈んでキスをしたり、誰かを見詰め返したり、動き回ったりし」たと記した。

クリントン氏のような「ひとたらし」の魅力は、国会議員であれ、地方議員であれ、日本の自民党議員は、一定程度は共通して持っている。一方、こうした「ひとたらし」について「癒着」などと毛嫌いし、理屈に走る野党政治家は少なくないが、野党の中でも選挙に強い人は、地元の自民党議員すら困惑させる立憲民主党の安住淳氏のように「ひとたらし」の力を持っている。このことも、また、事実である。

あとがき

自民党は「強者をのみ込むブラックホール」であると書いてきました。あらゆる強者を内部に取り込んでいくことで、いろいろな思想、いろいろな層の人が雑多に混じり合うという意味で、自民党は、遺伝子の異なる細胞をあわせもつキメラになります。首相ら党幹部への忠誠度が高い国会議員と、自民党同士の争いに価値を見いだす地方議員という全く体質が異なる政治家で構成されているという意味で、党の姿そのものもキメラと言えます。

地元に貢献するためか、自身の名誉欲か、地位を利用してお金をもうけるためか、自民党に集う目的はそれぞれに異なっていたとしても、自民党の人たちに一定程度、共通する原動力は、権力を追い続ける執念です。その執念は、ものすごいエネルギーを持ち、魔力のようでもあります。

自民党に引き込まれず、自民党とは違う強い集合体を作ることこそが、平成の政治改革だったのでしょう。令和でも、同じような改革が進むのか。小沢一郎氏のように、明確で強靭な意志を持って自民党と対峙するカリスマ性のある政治家が今後、現れるのか。現状は見通しようがありません。

ここまで自民党の吸引力について見てきましたが、最後に、それとは一見、矛盾することを指摘して終わりたいと思います。

２０２２年5月2日、日本維新の会は同年夏の参院選の比例区に自民党道議の八田盛茂氏を擁立すると発表しました。八田氏は小樽市区選出の４期目の道議で、自民党の道連幹事長も務めた実力者です。八田氏は、前年21年12月には、改選数３の参院選北海道選挙区に擁立する2人目の自民党公認候補を選ぶ公募に応募しましたが、結果は落選。他薦ながら公募に応じたことから国政への強い意欲を持っていたことがよく分かります。その意欲を維新が見逃さず、八田氏に声をかけたのか、八田氏自身が維新にアプローチしたのか、どちらかは分かりません。ただ、はっきりしているのは、八田氏は、道議として自民党に残るよりも、他の党から国政に挑戦することを選んだという事実です。

八田氏が自民党を離れ、保守政党を自任する維新に移る力学は、本来なら自民党から出馬したであろう政治家志望の人たちが、２０００年代に相次いで民主党から立候補したこと似ています。「国政に出たいのに、自民党の現職がいるから出られない。ならば、政権交代の可能性もある民主党から出てみよう」というものでした。特に03年の小沢一郎氏が率いる自由党との合併以降、その流れは加速しました。自民党出身の小沢氏の加入で、民主党が保守側にウィングを広げたことも大きかったのでしょう。小沢氏も、「自民党から出たいのに出ることができない」と嘆く国政志向の政治家、もしくは政治家志望者たちの野望を見逃さず、候補として声をかけていきました。

また、今回の八田氏の離党で改めて思ったのは「やはり、今後5~10年のスパンで自民党の分裂はありうる」ということです。自民党が圧倒的に強く、野党が弱い「1強多弱」の政治状況が今後も続きそうなのに、なぜ、わざわざ分裂する可能性があるのでしょうか。私はかなり前から、自民党が政権に復帰した2012年衆院選で初当選した、いわゆる「安倍チルドレン」が当選5~6回を迎える頃には、分裂の火種が生まれると考えていました。初当選時は119人。14年の再選後、暴行疑惑や不倫報道など不祥事を連発したため、「魔の2回生」との悪名が広まりました。そして、「魔の3回生」として迎えた21年衆院選で4選を果たした議員は69人いました。自民党の衆院議員264人の26%を占めています。

この世代が当選5回となるのは、遅くとも衆院任期満了を迎える2025年秋、その前に衆院解散があれば、もっと早まります。当選6回になるのは2020年代後半でしょうか。さきほどの5~10年後というのは、12年初当選の世代が、おおむね当選6回を迎える時期です。当選5回、特に6回になれば、自民党内では入閣適齢期と呼ばれ、組閣時には「今回こそ自分は大臣になれるのか」とそわそわし始めます。この世代が当選5回、6回まで、何人残るか分かりませんが、「自民1強、野党多弱」の政治状況が続けば、それなりのボリュームが残ると推測されます。

一方で党や閣僚のポストの数は限られています。そうなると、入閣したいのになかなか入閣できず不満をため込む議員が出てきます。なにせ、この本で見たとおり、一般の人たちよりも競争意識が強く、勝ち上がってきた自負がある人たちです。強い競争心があるからこそ対立の芽が生まれ、党内に「ミシン目」が入る可能性があります。

また、「1強多弱」の政治状況が続くと、大して実力もないのに、自民党公認というだけで当選を重ねる国会議員も増え、「自民党の国会議員」のイスがなかなか空きません。虎視《こし》眈々《たんたん》とその座を狙う自民党の地方議員、もしくは自民党の国会議員になりたい政治家志望者たちは、「なんで、あんなやつが、国会議員で居続けられるのだ」と不満を募らせていきます。「このままではらちが明かない」と自民党に見切りをつけ、ほかの保守政党から出馬する動きが出てくるかもしれません。自民党の道議である八田氏の維新からの立候補は、そういう文脈でとらえるべきでしょう。

自民党から国会議員になりたいが、「強すぎる自民党」のせいで、その目的が果たせそうもない政治家志望の人たちが、新たな保守勢力を立ちあげる可能性もあります。それは、元自民党の地方議員たちが立ち上げた日本維新の党の増強という形をとるかもしれません。

こうした動きと、自民党の「安倍チルドレン」がポストを競い合うことで生じるミシン目とが響き合って、自民党が分裂し、分裂した側が、新たな保守系勢力、あるいは維新と合同する——。そんなシナリオがありうると見ています。

本編では、「強者をのみ込む自民党」を記してきましたが、このあとがきで書きたかったのは、強者をのみ込みすぎて、自民党が膨張しすぎると、その重さに自らが耐えられず、かえって自壊を引き起こしかねないということです。

実際はどうなるか分かりませんが、自民党を中心とした今後の政治の動きに注目していきたいと思います。

＊

「永田町だけでなく、地方議員や地域のことをまとめて考えなければ『自民党とは何か』を追求できない」。そんな思いで20年近く前のメモも掘り起こし、本にまとめられないかと考えていました。その考えを、第2次安倍政権を検証した朝日新書『自壊する官邸』でお世話になりました朝日新聞出版書籍編集部の中島美奈さんにお伝えし、今回の出版に至りました。地方の話の重要性を理解して頂き、貴重なご助言も何度もちょうだいしました。中島さんには、この場を借りて、お礼を申し上げます。

2022年5月

蔵前勝久

蔵前勝久 くらまえ・かつひさ
1976年、鹿児島県南九州市川辺町生まれ。朝日新聞記者。松山支局などを経て、2008年から政治部。21年から論説委員。共著に『自壊する官邸——「一強」の落とし穴』がある。

朝日新書
873

自民党《じみんとう》の魔力《まりょく》
権力と執念のキメラ

2022年 7 月30日 第 1 刷発行

著　者　蔵前勝久

発行者　三宮博信
カバーデザイン　アンスガー・フォルマー　田嶋佳子
印刷所　凸版印刷株式会社
発行所　朝日新聞出版
〒104-8011　東京都中央区築地 5-3-2
電話　03-5541-8832（編集）
　　　03-5540-7793（販売）

Published in Japan by Asahi Shimbun Publications Inc.
ISBN 978-4-02-295178-6
定価はカバーに表示してあります。
落丁・乱丁の場合は弊社業務部（電話03-5540-7800）へご連絡ください。
送料弊社負担にてお取り替えいたします。

江戸500藩全解剖
関ヶ原の戦いから徳川幕府、そして廃藩置県まで

河合　敦

加賀藩・前田利常は「バカ殿」を演じて改易を逃れた。井伊直弼の彦根藩は鳥羽・伏見の戦い直前に新政府側に。黒田藩は偽札の出来が悪くて廃藩となる。藩の成り立ちから廃藩置県までを網羅。「日本最強の藩はどこだ！　実力格付けランキング」も収録。

ペアレントクラシー
「親格差時代」の衝撃

志水宏吉

日本は「ペアレントクラシー（親の影響力が強い社会）」になりつつある。家庭の経済力と子どもの学力の相関関係が年々高まっているのだ。生徒、保護者、学校、教育行政の現状と課題を照射し教育公正の実現に求められる策を提言する。

大江戸の娯楽裏事情
庶民も大奥も大興奮！

安藤優一郎

「宵越しのゼニなんぞ持っちゃいられない！」。飲む打つ買う、笑って踊って、「億万長者」が二日に一人！　祭り、富くじ、芝居に吉原、御開帳――。男も女も大興奮。江戸経済を牽引した、今よりもっとすごかった「お楽しみ」の舞台裏。貴重な図版も多数掲載。

自民党の魔力
権力と執念のキメラ

蔵前勝久

自民党とは何か。その強さの理由はどこにあるのか。国会議員と地方議員の力関係はどうなっているのか。派閥、公認、推薦、後援会、業界団体、地元有力者はどう影響しているのか。「一強」の舞台裏を朝日新聞政治記者が証言をもとに追う。